铁路货运业务集中办理作业指南

《铁路货运业务集中办理作业指南》编委会　编

中国铁道出版社有限公司

2025年·北　京

内 容 简 介

本书依托中国铁路95306综合智慧服务平台、电子货运票据管理系统3.0程序，以及正在试运行的网页版电子货运票据管理系统4.0程序，讲解铁路货运业务集中办理全过程，包括需求受理、核算制单、收入进款、内交付、增值税发票、货损理赔、客户服务及系统常见问题解决方案。

本书既可以作为铁路货运系统干部职工日常适应性培训教材，也可以作为货运集中办理生产作业指南。

图书在版编目(CIP)数据

铁路货运业务集中办理作业指南 /《铁路货运业务集中办理作业指南》编委会编. -- 北京 : 中国铁道出版社有限公司, 2025. 6. -- ISBN 978-7-113-32398-1

Ⅰ. U294.1-62

中国国家版本馆 CIP 数据核字第 2025J5L643 号

书　　名：铁路货运业务集中办理作业指南
作　　者：《铁路货运业务集中办理作业指南》编委会

责任编辑：李纯一　　　**编辑部电话：**（010）51873024
封面设计：高博越
责任校对：安海燕
责任印制：赵星辰

出版发行：中国铁道出版社有限公司（100054，北京市西城区右安门西街8号）
网　　址：https://www.tdpress.com
印　　刷：北京联兴盛业印刷股份有限公司
版　　次：2025年6月第1版　2025年6月第1次印刷
开　　本：710 mm×1 000 mm 1/16　印张：11　字数：165千
书　　号：ISBN 978-7-113-32398-1
定　　价：48.00元

编　委　会

前言

为进一步深化铁路货运组织改革，加快向现代物流企业转型升级，在中国国家铁路集团有限公司（简称国铁集团）领导下，2022年至2024年经历两轮组织架构变革，全路统一了货运内勤集中办理模式，各铁路局集团公司成立95306货运物流服务中心（简称货服中心），实行“管理＋生产”模式，负责货运客服、需求受理、货损理赔、核算制票、内交付、收款对账、发票开具，以及运输收入进款管理等业务。

为有效提高铁路货运系统干部职工货运理论知识和实作技能水平，提升货运集中办理作业质效和客户服务水平，我们组织编写了《铁路货运业务集中办理作业指南》一书。本书在编写过程中，遵循“实际、实用”原则，依托中国铁路95306综合智慧服务平台、电子货运票据管理系统3.0程序，以及正在试运行的网页版电子货运票据管理系统4.0程序，以国铁集团、铁路局集团公司等文件制度为指导依据，采用理论规章、案例、图表、数据分析、文字说明等形式展示货运集中办理全过程。全书共分为八章，主要讲述了需求受理、核算制单、收入进款、内交付、增值税发票、货损理赔、客户服务及系统常见问题解决方案。本书既可以作为货运系统干部职工日常适应性培训教材，也可以作为货运集中办理生产作业指南。

本书编写过程中尽可能结合了中国铁路北京局集团有限公司货服中心生产作业实际情况。由于编者水平有限，书中难免有不妥之处，敬请读者批评指正，以便我们在今后工作中加以改进完善。

编　者

2025 年 6 月

目录

第一章

需求受理作业

铁路运输需求是客户为实现货物位移而选择铁路进行运输的意愿。需求受理是指铁路受理人员对客户提报的运输需求进行审核，判断是否符合国家相关政策，是否符合铁路相关规定，确认铁路能否承运的过程。本章主要介绍客户需求提报、需求受理流程及案例。

第一节　需求提报

一、客户自主提报

客户可以通过中国铁路 95306 综合智慧服务平台(以下简称 95306 平台)、95306App 提报运输需求。

二、铁路人员代客户提报

客户可以通过拨打 95306 电话或亲自到货运车站委托铁路工作人员进行代报需求。

1. 受理人员代报需求时，需通过 95306 平台实现需求提报，可按月提报三个月之内的阶段需求或直接提报日需求，日需求也可使用阶段需求提出。

2. 受理人员应详细了解客户需求，并在 95306 平台录入需求信息，根据货物重量(体积)、发到站运营条件等确定运输方式，同时应熟练掌握货物品类、车站运营条件、运价政策等货运业务信息。

3. 通过 95306 平台【生产作业】模块内的【日需求】—【日需求提报】(图 1-1)或者【阶段需求】—【阶段需求提报】(图 1-2)为客户填报需求信息。当客户提供阶段需求号时，可以通过【日需求】—【日需求提报】—【使用阶段需求提出】为客户填报需求信息。内容填写完毕后，选择提交即可。

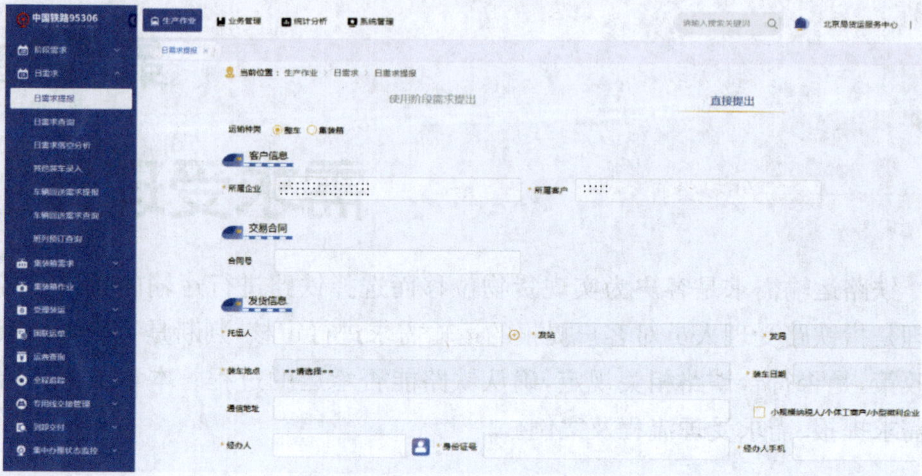

图 1-1 日需求提报

图 1-2 阶段需求提报

受理人员需将客户提供的发货信息准确无误录入 95306 平台中，带“＊”的栏目为必填项，内容包括发站、到站、托运人、收货人、专用线、经办人、货物名称、货物特征、件数、包装、货物价格、重量、车种、增值税信息、记事等，填写完毕后，联系客户再次核对信息是否有误。具体栏目填写内容，如图 1-3 所示。

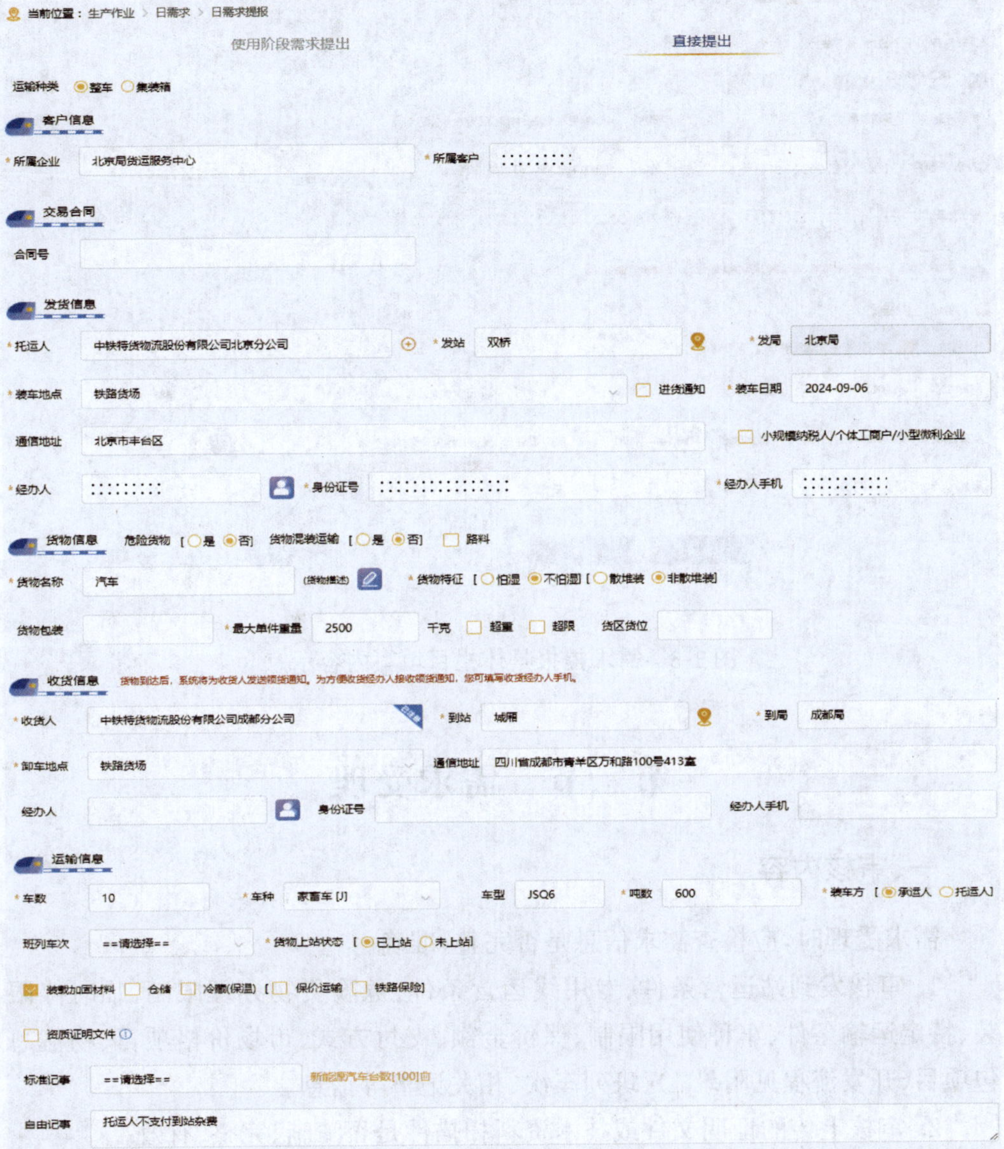

(a)

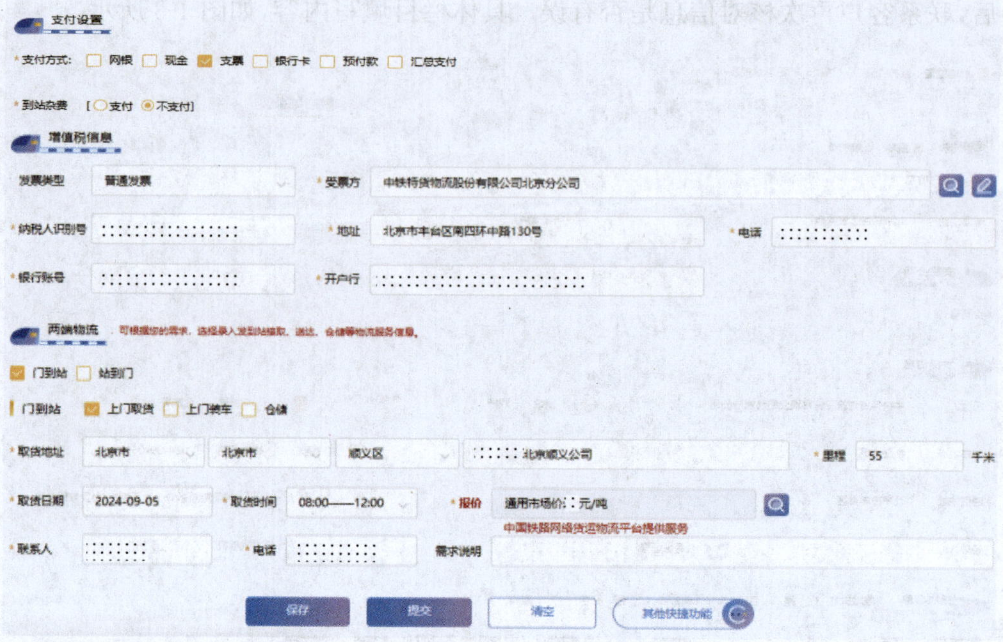

(b)

图 1-3　需求提报具体栏目填写内容示意

第二节　需求受理

一、审核内容

需求受理时，应检查需求信息是否完整、准确。

1. 审核发到站运营条件、专用线运营条件、危险货物办理限制、临时停限装、特定运输条件、车种使用限制、保价金额、支付方式、市场价格项目、物流总包项目(开发流程见附录 1)、班列车次、相关记事等信息。

2. 审核上传的证明文件或技术资料扫描件是否清晰、完整、有效。

3. 审核成组运输条件，并在运单受理通过前对成组运输的运单进行标识，添加承运人标准记事和运输戳记。

二、证明文件

需要审核的证明文件，见表1-1①。

表1-1 受理环节需要审核的证明文件

序号	货物品类（名称）	运输证明文件
1	爆炸品	民用爆炸物品运输许可证
2	烟花爆竹	烟花爆竹道路运输许可证
3	卷烟、雪茄烟、烟丝、复烤烟叶、烟叶（包括再造烟叶和烟梗）、卷烟纸、滤嘴棒、烟用丝束、烟草专用机械等烟草专卖品，电子烟等新型烟草制品	烟草专卖品准运证
4	野生动物或者其产品	国家重点保护野生动物或者其产品，特许猎捕证、人工繁育许可证、有关部门批准的证明文件、专用标识，检疫证明
		非国家重点保护野生动物或者其产品，狩猎、进出口等合法来源证明，检疫证明
5	动物和动物产品	检疫证明
6	种子、苗木和其他繁殖材料，应施检疫的植物、植物产品	植物检疫证书
7	高致病性病原微生物菌（毒）种或样本	可感染人类的高致病性病原微生物菌（毒）种或样本准运证书
8	易制毒化学品	第一、二类易制毒化学品，运输许可证
		第三类易制毒化学品，备案证明

① 依据《国铁集团关于进一步做好货运集中办理有关工作的通知》（铁货电〔2022〕106号）。

续上表

序号	货物品类(名称)	运输证明文件
9	放射性物品	一类放射性物品,运输容器设计批准书、运输容器制造许可证、辐射监测报告、资质及证明文件
		二类放射性物品,国务院核安全监管部门备案的证明、辐射监测报告
		三类放射性物品,运输容器设计符合国家放射性物品运输安全标准的证明文件
10	麻醉药品和第一类精神药品	运输证明
11	整车农用化肥	核查托运人和收货人营业执照的经营范围
12	自备铁路货车、企业内用铁路货车过轨	自备铁路货车、企业内用铁路货车过轨技术检查合格证
13	挂运的机车、轨道起重机或车辆	铁路机务、车辆部门检查合格的记录
14	经铁路检修完毕的自备机车、车辆	检修部门开具的检修合格证明
15	国家和地方政府有关部门要求凭证明文件运输的其他货物	

三、其他需要重点审核的内容

1. 危险货物核对托运人记事、运输戳记是否齐全。
2. 易腐货物审核容许运输期限、品类顺号及热状态。
3. 超限超重、指定经由的货物,核对相关部门批复电报。

四、需求受理作业流程

需求受理作业流程,如图 1-4 所示。

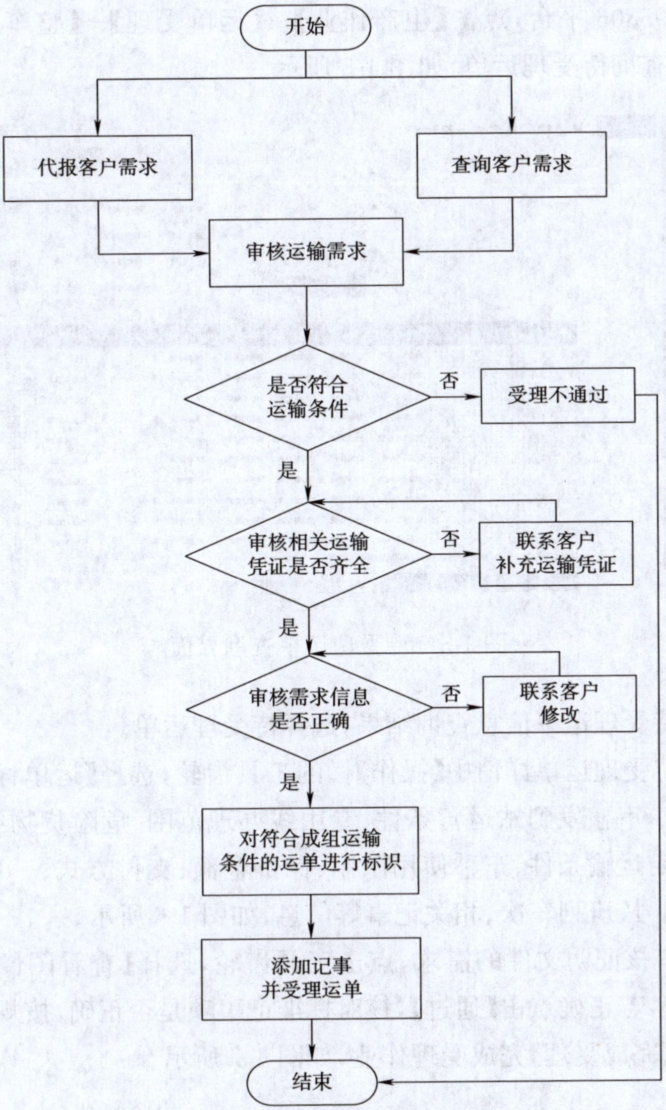

图 1-4　需求受理作业流程

五、受理作业操作流程

1. 登录 95306 平台,点击【生产作业】—【运单受理】—【整车/集装箱】,选择装车日期,查询待受理运单,如图 1-5 所示。

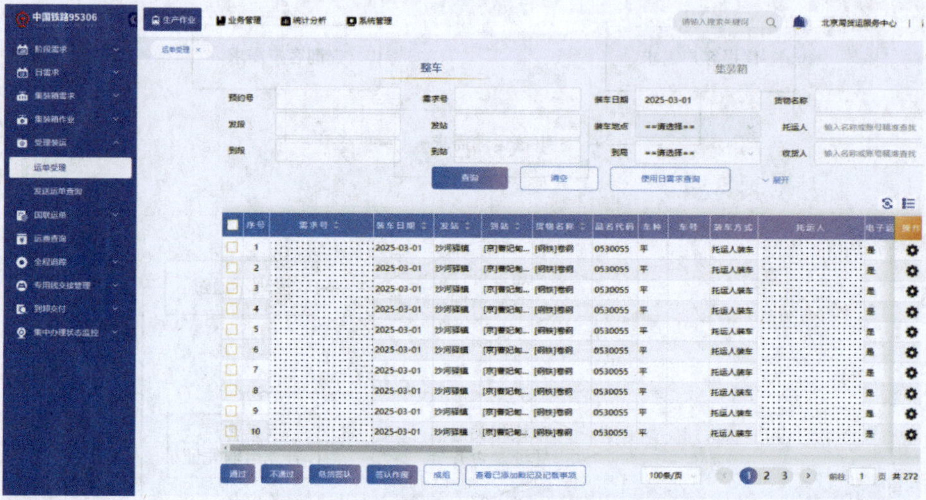

图 1-5　待受理运单查询界面

2. 根据待受理运单信息查询结果,选择待受理运单。

3. 点击待受理运单详情中【操作】栏的工具齿轮,选择【运单详情】,查看并核对运单信息,审核发到站运营条件、专用线办理范围、危险货物办理限制、临时停限装、特定运输条件、车种使用限制、保价金额、支付方式、一口价项目号、物流总包项目号、班列车次、相关记事等信息,如图 1-6 所示。

4. 需要审核证明文件的需求,点击工具齿轮,选择【查看图像】,审核证明文件是否正确,若正确点击【通过】,核对标准记事项是否正确,按规定添加相关记事后,点击【完成受理】完成受理作业,如图 1-7 所示。

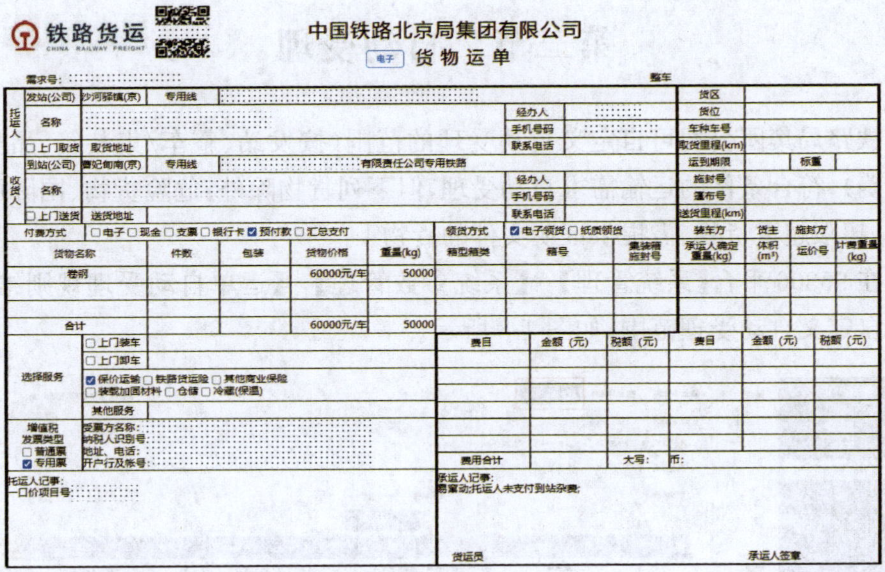
铁路货运 CHINA RAILWAY FREIGHT
中国铁路北京局集团有限公司
电子 货 物 运 单
需求号：
整车

托运人	发站(公司)	沙河驿镇(京)	专用线				货区			
	名称				经办人		货位			
					手机号码		车种车号			
	□上门取货	取货地址			联系电话		取货里程(km)			
收货人	到站(公司)	曹妃甸南(京)	专用线	有限责任公司专用铁路			运到期限		标重	
	名称				经办人		施封号			
					手机号码		篷布号			
	□上门送货	送货地址			联系电话		送货里程(km)			

付费方式 □电子 □现金 □支票 □银行卡 ☑预付款 □汇总支付　领货方式 ☑电子领货 □纸质领货　装车方 货主　施封方

货物名称	件数	包装	货物价格	重量(kg)	箱型箱类	箱号	集装箱施封号	承运人确定重量(kg)	体积(m³)	运价号	计费重量(kg)
卷钢			60000元/车	50000							
合计			60000元/车	50000							

选择服务：□上门装车 □上门卸车 ☑保价运输 □铁路货运险 □其他商业保险 □装载加固材料 □仓储 □冷藏(保温)　其他服务

费目	金额（元）	税额（元）	费目	金额（元）	税额（元）
费用合计		大写：	币：		

增值税发票类型 □普通票 ☑专用票　受票方名称：　纳税人识别号：　地址、电话：　开户行及帐号：

托运人记事：
一口价项目号：
承运人记事：
易窜动;托运人未支付到站杂费;
货运员　承运人签章

图 1-6　运单详情

图 1-7　完成受理操作界面

第三节　自动受理

铁路局集团公司可自定义自动受理的范围（按发站、整车/集装箱、品类品名明确），符合条件的运输需求自动受理，但下列货物除外：危险货物、国际联运货物、超限超重货物、需提供证明文件的货物①。

在 95306 平台【系统管理】—【系统参数管理】—【运单自动受理规则维护】进行自定义自动受理范围，如图 1-8 所示。

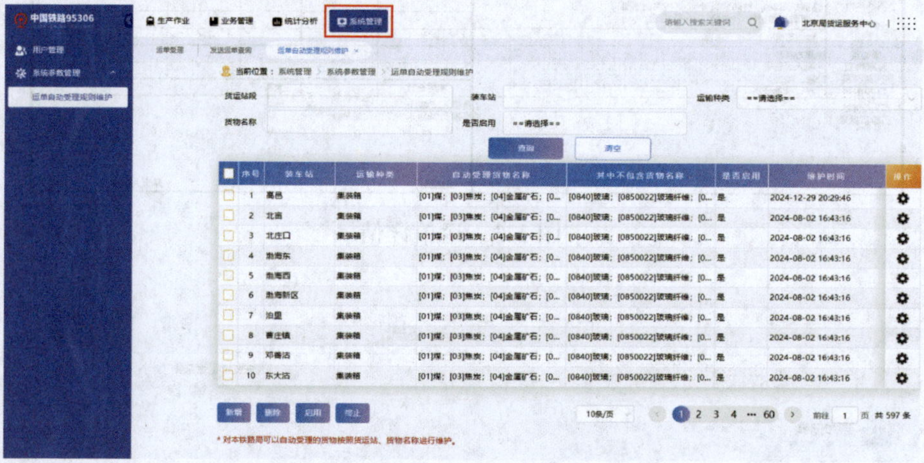

图 1-8　运单自动受理规则维护

第四节　需求受理作业案例

例 1-1：受理成组钢轨运输需求。

邯郸站（京）发运到沙河站（京）整车钢轨，钢轨属于长大货物，需使用平车成组装运，与托运人沟通确认几车一组，点击【成组】（图 1-9），标识成组车数（图 1-10），设置主需求单（图 1-11），添加“成组连挂　不得拆解”记事项（图 1-12），

① 依据《国铁集团关于进一步做好货运集中办理有关工作的通知》（铁货电〔2022〕106 号）。

受理通过(图 1-13)。

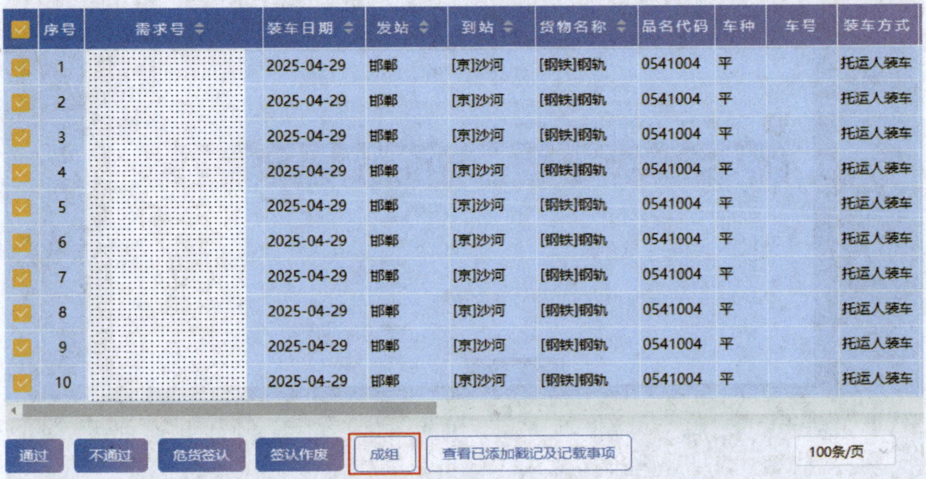

	序号	需求号	装车日期	发站	到站	货物名称	品名代码	车种	车号	装车方式
	1		2025-04-29	邯郸	[京]沙河	[钢铁]钢轨	0541004	平		托运人装车
	2		2025-04-29	邯郸	[京]沙河	[钢铁]钢轨	0541004	平		托运人装车
	3		2025-04-29	邯郸	[京]沙河	[钢铁]钢轨	0541004	平		托运人装车
	4		2025-04-29	邯郸	[京]沙河	[钢铁]钢轨	0541004	平		托运人装车
	5		2025-04-29	邯郸	[京]沙河	[钢铁]钢轨	0541004	平		托运人装车
	6		2025-04-29	邯郸	[京]沙河	[钢铁]钢轨	0541004	平		托运人装车
	7		2025-04-29	邯郸	[京]沙河	[钢铁]钢轨	0541004	平		托运人装车
	8		2025-04-29	邯郸	[京]沙河	[钢铁]钢轨	0541004	平		托运人装车
	9		2025-04-29	邯郸	[京]沙河	[钢铁]钢轨	0541004	平		托运人装车
	10		2025-04-29	邯郸	[京]沙河	[钢铁]钢轨	0541004	平		托运人装车

图 1-9　钢轨运输需求

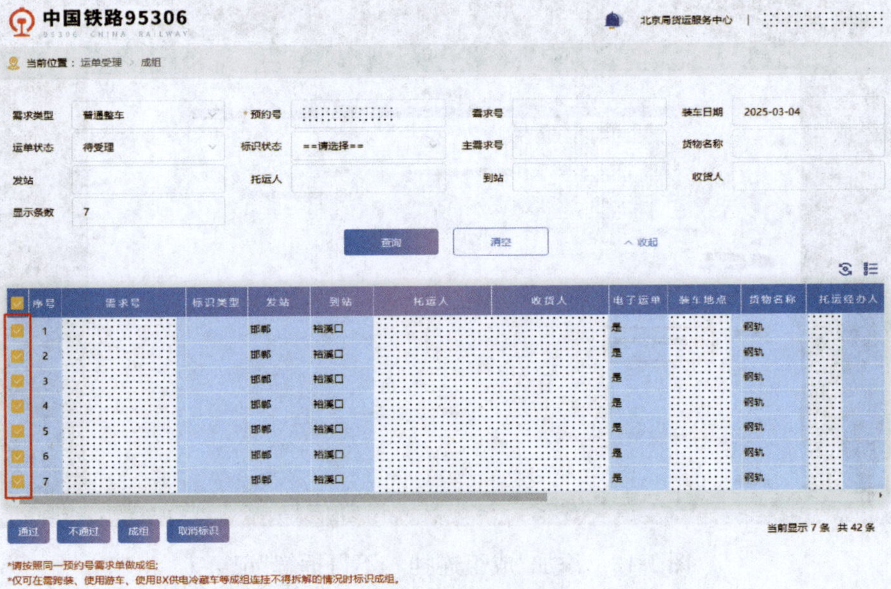

图 1-10　标识成组车数

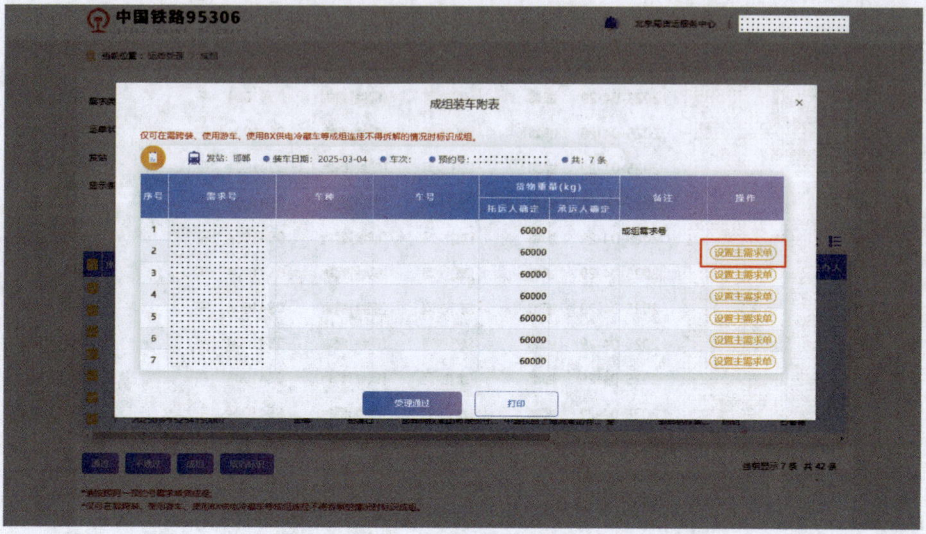

图 1-11　设置主需求单

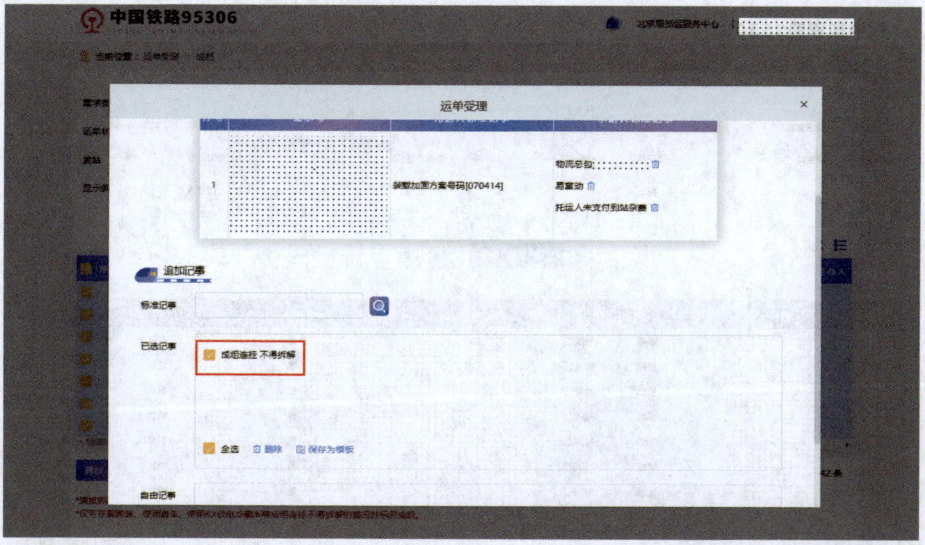

图 1-12　添加“成组连挂　不得拆解”记事

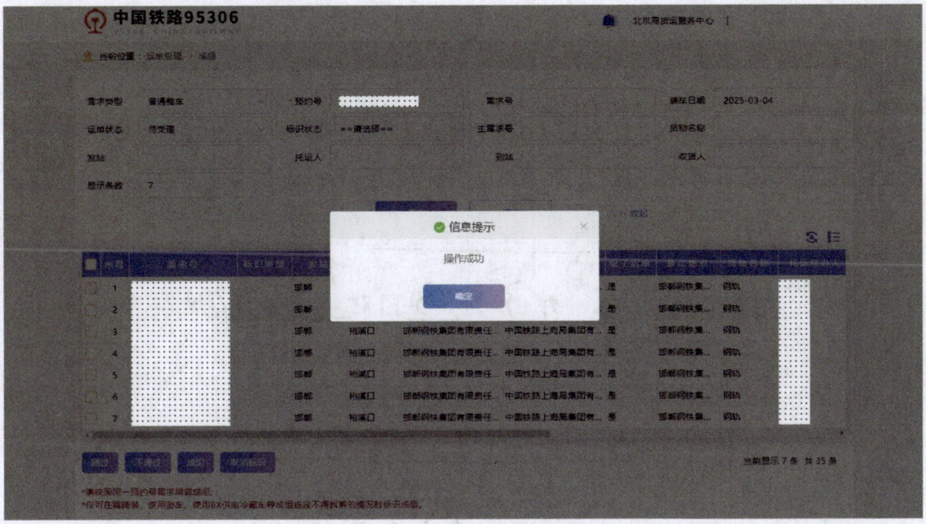

图 1-13　受理通过

例 1-2：受理经铁路检修完毕的自备机车、车辆。

石家庄南站(京)发运到上安站(京)自备车辆，核对检修部门开具的检修合格证明(图 1-14)，核实车号无误、日期有效，加盖印章，受理通过。

例 1-3：受理自备铁路货车、企业内用铁路货车过轨。

微子镇站(京)发运到留庄站(郑)自备车回空，核对“自备铁路货车、企业内用铁路货车过轨技术检查合格证”(图 1-15)，核实车号无误、日期有效，加盖印章，受理通过。

例 1-4：受理挂运的机车、轨道起重机或车辆。

大红门站(京)发运到即墨站(济)挂运机车回送运输，审核铁路机务部门检查合格的记录(图 1-16)，核实车号无误、日期有效，加盖印章，受理通过。

例 1-5：受理整车农用化肥。

沙城站(京)发运到亳州站(上)整车化肥，审核营业执照名称是否与运单一致，经营范围是否包含化肥，营业期限是否在有效期内，符合规定后受理通过。

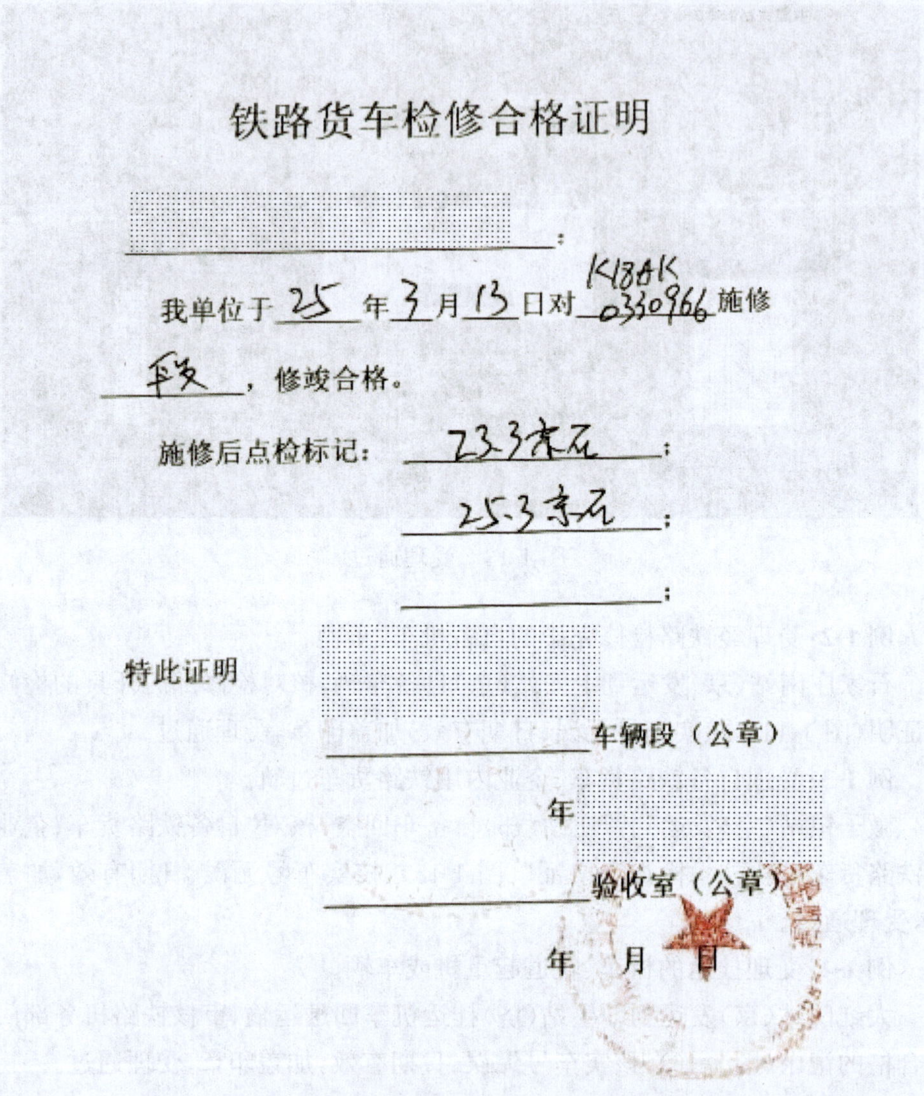

铁路货车检修合格证明

[redacted]：

我单位于 25 年 3 月 13 日对 K18AK 0330966 施修 段，修竣合格。

施修后点检标记： 23.3东石；

25.3东石；

；

特此证明

[redacted]车辆段（公章）

年 [redacted]

[redacted]验收室（公章）

年　月　日

图 1-14　铁路货车检修合格证明

自备铁路货车、企业内用铁路货车过轨技术检查合格证

编号 588 201412

企业名称：[redacted]

经[redacted]检查，以下车辆（计 20 辆，具体车号：

G70K 0335274　G70K 0335275　G70K 0335276　G70K 0335277

G70K 0335278　G70K 0335279　G70K 0335280　G70K 0335281

G70K 0335282　G70K 0335283　G70K 0335284　G70K 0335285

G70K 0335286　G70K 0335287　G70K 0335288　G70K 0335289

G70K 0335290　G70K 0335291　G70K 0335292　G70K 0335293

）

技术状态符合国铁货车运用规定，准许进入国铁营业线运行。

过轨技术检查车站[redacted]

国铁[redacted]货车车辆段 [illegible] 运用车间填发

2024 年 12 月 24 日（印章）

图 1-15　自备铁路货车、企业内用铁路货车过轨技术检查合格证

附件 2—1

回送机车技术状态书

2025 年 2 月 24 日

机车型号	所属单位	回送目的	回送方法	回送列车			回送区间		记事
				月	日	车次	发站	到站	
DF5D-0015		修后返厂	无动力托运				南仓站	南堡站	

机车状态及注意事项	一般状态及不良处所	破损处所及需要特别注意事项
	1. 机车全长 21100mm，宽 3309mm，高 4755mm，轴距 1800mm，6 轴，总重 138 吨。限速 100km/h。	1. 电化区段，严禁攀登车顶。注意人身安全。
	2. 制动软管按规定更新，闸瓦行程调至上限。	2. 停车状态下，随车人员加强走行部及轴温检查，注意制动装置状态。
	3. 机车制动性能良好，各部检查符合铁路运输标准。	3. 禁止驼峰溜放。
	4. 送车乘务员负责，将制动缸活塞行程调至标准最大值。	

附属物品及部分品	部分品名	数量	记事	部分品名	数量	记事	部分品名	数量	记事

190mm×260mm

图 1-16　回送机车技术状态书

例 1-6：受理动物和动物产品。

塘沽站（京）发运到茂陵站（西）冻肉，使用 40 英尺供电式冷藏箱装运，审核检验检疫证明（图 1-17），内容、日期、公章是否完整，符合规定后受理通过。

例 1-7：受理易腐货物。

塘沽站（京）发运到茂陵站（西）冻肉，审核容许运输期限（容许运输期限至少大于运到期限 3 天），填写的容许运输期限 11 天，经查运到期限 7 天。审核品类顺号及热状态是否正确，符合规定后受理通过，如图 1-18 所示。

例 1-8：受理超限货物。

唐山南站（京）发运到大红门站（京）特货 3 件（TKTZ39 型自轮运转），确认超限货物运输电报（图 1-19），符合规定后受理通过。

例 1-9：受理烟草制品。

受理卷烟、雪茄烟、烟丝、复烤烟叶、烟叶（包括再造烟叶和烟梗）、卷烟纸、滤嘴棒、烟用丝束、烟草专用机械等烟草专卖品，电子烟等新型烟草制品时，审核“烟草专卖品准运证”（图 1-20）是否合规有效，符合规定后受理通过。

中华人民共和国出入境检验检疫

入境货物检验检疫证明

编号 O20220241000256803001

收货人	[redacted]		
发货人	[redacted]		
品　名	冻猪背皮	报检数/重量	**/**26320千克
包装种类及数量	**1316纸制或纤维板制盒/箱	输出国家或地区	爱尔兰
合同号	2024RVL-WHJCK-RC509	标记及号码 N/M	
提/运单号	245281288		
入境口岸	天津		
入境日期	2024年12月14日		

证明

序号	货物品名	品牌	原产国	规格	数/重量	生产日期(批号)
1	冻猪背皮	ROSDERRA牌	爱尔兰	平均20KG/纸箱	**/**26320千克	详见生产日期(批号)行

详细生产日期(批号)：20240927;20240930;20241001;20241002;20241003;20241007;20241008;20241004/20240927;20240930;20241001;20241002;20241003;20241007;20241008;20241004/20240927;20240930;20241001;20241002;20241003;20241007;20241008;20241004(26/09/2024,27/09/2024,30/09/2024,01/10/2024,02/10/2024,03/10/2024,04/10/2024,07/10/2024)

上述货物经检验检疫合格评定，予以通关放行。

中华人民共和国……海关
检验检疫专用章
002

签字：[redacted]　　　日期：2024 年 12 月 14 日

备注 集装箱号：MHBU4075188
生产厂家名称：Rosderra Irish Meats Group,Rosderra Irish Meats Group,Temperature Controlled Logistics(TCL)
注册号：CIRL01021808010002,CIRL01021808010004,CIRL01021809010006

[5-1(2018.4.20)•2]　　① 货主收执　　BD2407664

图 1-17　检验检疫证明

铁路货运 CHINA RAILWAY FREIGHT　禁止溜放　成组连挂 不得拆解　易腐货物

中国铁路北京局集团有限公司

电子　货物运单

TGPJ[redacted]586

需求号：[redacted]

集装箱

托运人	发站(公司)	塘沽（京）	专用线	[redacted]	货区	
	名称	[redacted]	经办人	[redacted]	货位	
			手机号码	[redacted]	车种车号	
	☐上门取货	取货地址	联系电话		取货里程(km)	
收货人	到站(公司)	茂陂（西）	专用线	[redacted]	运到期限	7　标重　0
	名称	[redacted]	经办人		施封号	
			手机号码	[redacted]	篷布号	
	☐上门送货	送货地址	联系电话		送货里程(km)	
付费方式	☐电子 ☐现金 ☐支票 ☐银行卡 ☑预付款 ☐汇总支付		领货方式	☑电子领货 ☐纸质领货	装车方	货主　施封方　无

货物名称	件数	包装	货物价格(元)	重量(kg)	箱型箱类	箱号	集装箱施封号	承运人确定重量(kg)	体积(m³)	运价号	计费重量(kg)
冻肉	1		10000	26000	40' 供电式冷藏箱	TBJU1904522	000385	26000		2	
合计	1		10000	26000				26000		2	

		费目	金额(元)	税额(元)	费目	金额(元)	税额(元)
选择服务	☐上门装车						
	☐上门卸车	印花税	1.4	0.0	货物保价费	27.52	2.48
	☑保价运输 ☐铁路货运险 ☐其他商业保险 ☐装载加固材料 ☐仓储 ☑冷藏（保温）	运费合计	5847.98	526.32			
	其他服务						
增值税发票类型 ☐普通票 ☑专用票	受票方名称：[redacted] 识别号：[redacted] 地址电话：[redacted] 开户行及账号：[redacted] 4100155331	费用合计	￥6405.7	大写：	币：陆仟肆佰零[illegible]		

托运人记事：容许运输期限[容许运输期限:11];证明文件名称号码[证件名称:检疫证;证件号码:[redacted]40英尺BX车供电运输;市场价格项目[redacted];[***以下内容为自由记事，由托运人手工填写，不作为计费依据***]工作车号：7230430；热状态3.1冻结品；运输温度零下15度，承运温度零下18度；三角K40英尺；堆铁；禁止溜放成组连挂不得拆解;货运一口价，站到站运输

承运人记事：禁止溜放;成组连挂 不得拆解;三角K;货运一口价;站到站运输;铁路机械冷藏箱;托运人自装卸;到站专用线[代码:[redacted]2952米];发站专用线[代码[redacted]:6876米];

货运员　　承运人签章

制单人：[redacted]　　制单日期：2025-01-18

图 1-18　易腐货物货物运单

电报 2024 8 23

铁 路 传 真 电 报

签发：[redacted]　　核稿：[redacted]　　拟稿人：[redacted]

电话：[redacted]

发报所名	电报号码	等级	受理日	时分	收到日	时分	值机员
BJ		JJ	8.23	19:40	8.23	20:06	8

主送单位：唐山南、唐山、唐山东、南仓、丰台西、大红门站，天津、北京铁路物流中心，唐山南、大红门营业部，天津、北京车务段，天津、丰台车辆段，集团公司调度所

抄送单位：北京局集团公司收入稽核大队

唐山南经唐山东、南仓、丰台西到大红门站特货3件（TXTZ39型自轮运转），规格相同，其中：甲1件重38.8t、乙2件重39.3t，各全长25300mm，各4轴，各固定轴距2400mm，各转向架中心销距离17800mm，各外形尺寸为：

中心高4870~2970mm处为半径1900mm圆弧，

（圆心距车辆纵中心线距离为0mm，距轨面高2970mm）

一侧高2970~1730mm处宽各1920mm，

二侧高900~385mm处宽各1593mm。

未衔接高度间为斜坡形。

装运办法：（1）A超级超限　　（2）KMN

京超限[redacted]号

北京[redacted]

图 1-19　超限货物运输电报

烟草专卖品准运证

专卖品种类：烟叶　　　微机编号：　　　准运证编号：

申办单位	
调出方	
调入方	
凭证编号	

序号	品名	规格	单位	数量
1	烤烟|片烟-混打片烟	701|巴西烤烟|BR10	担	544.0000

合　计：544.0000

发货地点					
到货地点					
运输工具	汽车，火车	开证日期	2025-02-24	有效期至	2025-03-26

备　注		
数字签名		

经办人：　　　批准人：　　　制证人：

天津市　　烟草专卖局

图 1-20　烟草专卖品准运证

第二章

核算制单作业

核算制单是制单人员在电子货运票据管理系统(简称货票系统)查询待制单信息,核对信息的完整性和正确性,补充应添加的标准记事,货票系统自动计算费用并生成电子货物运单(或打印纸质货物运单)的作业。本章主要介绍货物运单填写要求、制单作业操作、标准记事的添加、特殊作业、重点作业案例等。

第一节 货物运单

一、货物运单简介

铁路货物运单,是铁路货物运输合同或运输合同的组成部分,也是铁路收取货物运输费用的结算单据之一,货物运单信息包括需求号、发站、到站、托运人、收货人、专用线、经办人、货物名称、件数、包装、货物价格、重量、箱型箱类、箱号、车种车号、施封号、标重、计费重量、增值税信息、费目、金额、记事等内容。

铁路实施货运票据电子化以来,货物运单的各栏内容是由多方信息共同组成的,以客户提报货物运输需求为源点,建立货物运单的基础信息,生成货物运单加粗线以左部分(托运人)信息,车站外勤人员录入装车(装箱)信息、制单环节录入计费相关信息,生成加粗线以右部分(承运人)信息,加盖车站戳记(或电子签章)后生成完整货物运单。

货物运单(需求联)用于记录客户提报需求,发站留存(规格为 A4,297 mm×210 mm),如图 2-1 所示。

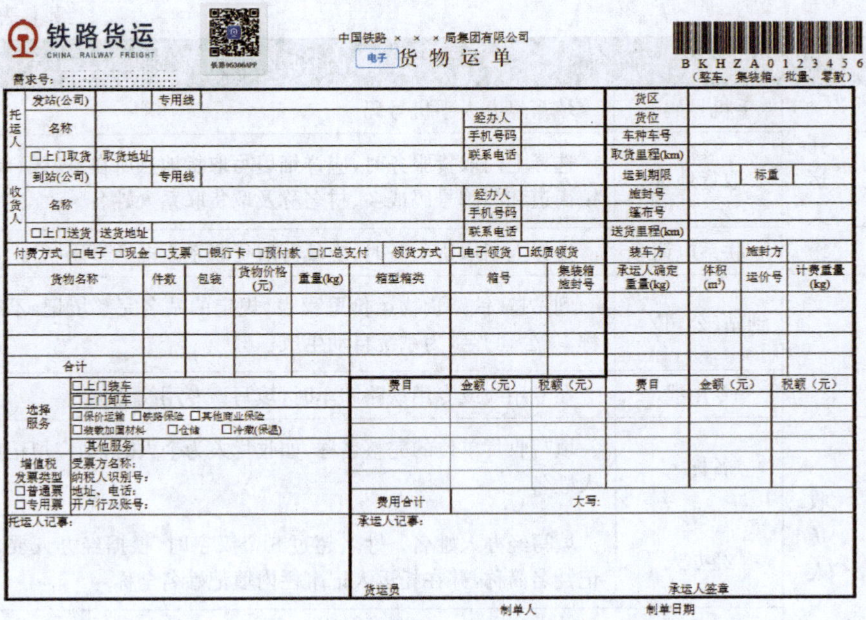

铁路货运
CHINA RAILWAY FREIGHT
铁路95306APP
中国铁路×××局集团有限公司
电子 货物运单
BKHZA0123456
(整车、集装箱、批量、零散)
需求号:

托运人：发站(公司)　专用线　名称　经办人　手机号码　联系电话　□上门取货　取货地址
收货人：到站(公司)　专用线　名称　经办人　手机号码　联系电话　□上门送货　送货地址
货区　货位　车种车号　取货里程(km)　运到期限　标重　施封号　篷布号　送货里程(km)
付费方式　□电子　□现金　□支票　□银行卡　□预付款　□汇总支付　领货方式　□电子领货　□纸质领货　装车方　施封方

货物名称	件数	包装	货物价格(元)	重量(kg)	箱型箱类	箱号	集装箱施封号	承运人确定重量(kg)	体积(m^3)	运价号	计费重量(kg)
合计											

选择服务：□上门装车　□上门卸车　□保价运输　□铁路保险　□其他商业保险　□装载加固材料　□仓储　□冷藏(保温)　其他服务

费目	金额(元)	税额(元)	费目	金额(元)	税额(元)

增值税发票类型　□普通票　□专用票　受票方名称：　纳税人识别号：　地址、电话：　开户行及账号：
费用合计　大写：
托运人记事：
承运人记事：
货运员　承运人签章
制单人　制单日期

图 2-1 货物运单(需求联)

二、货物运单填写说明

1. 货物运单托运人部分填写说明

托运人在 95306 系统提报货物运输需求时,需填写运输货物的相应信息,带“＊”的栏目为必填项,具体栏目填写说明见表 2-1。

表 2-1 运单填写说明(托运人部分)

栏号	栏目名称		内容填写说明
1	托运人	发站(公司)＊	发站按《铁路货物运价里程表》规定的站名完整填记,不得简称。(公司)名,为系统自动生成
2		专用线	在专用线或专用铁路装车时,填写该专用线全称
3		名称＊	填写托运单位的完整名称,如托运人为个人时,则应填记托运人姓名和身份证号码
4		经办人＊	填写经办人姓名。姓名超过 5 个汉字时,根据经办人要求填记姓名简称,并在托运人记事栏内填记姓名全称

续上表

栏号	栏目名称		内容填写说明
5	托运人	手机号码 *	填写经办人手机号码
6		取货地址	选择上门取货服务时,应详细填写取货地点所在省(区、市)城镇街道和门牌号码或乡、村名称及取货联系人姓名
7		联系电话	选择上门取货服务时,应填写取货联系人电话号码
8	收货人	到站(公司) *	到站按《铁路货物运价里程表》规定的站名完整填记,不得简称。(公司)名,为系统自动生成
9		专用线	在专用线或专用铁路卸车时,填写该专用线全称
10		名称 *	填写收货单位的完整名称,如收货人为个人时,则应填记收货人姓名
11		经办人	填写经办人姓名。姓名超过 5 个汉字时,根据经办人要求填记姓名简称,并在托运人记事栏内填记姓名全称
12		手机号码	填写经办人手机号码
13		送货地址	选择上门送货服务时,应详细填写送货地点所在省(区、市)城镇街道和门牌号码或乡、村名称及收货联系人姓名
14		联系电话	选择上门送货服务时,应填写收货联系人电话号码
15	付费方式 *		客户可选择现金、支票、银行卡、预付款、汇总支付等方式,选择汇总支付或预付款的,应填写汇总支付或预付款的凭证号码
16	领货方式 *		客户可选择纸质领货或电子领货,选择电子领货时,须设置领货经办人身份证号码、领货密码等信息
17	货物名称 *		应按《铁路货物运价规则》附件三"铁路货物运输品名检查表",危险货物则按《铁路危险货物品名表》所列的货物名称完整、正确填写。托运危险货物并应在品名之后用括号注明危险货物编号。"铁路货物运输品名检查表"或《铁路危险货物品名表》内未经列载的货物,应填写生产或贸易上通用的具体名称,但须用《铁路货物运价规则》附件一"铁路货物运输品名分类与代码表"相应类项的品名加括号注明。 按一批托运的货物,不能逐一将品名填记在货物运单内时,须另填物品清单,承运后由车站打印一式两份,托运人签章,一份由发站存查,一份交托运人。需要说明货物规格、用途、性质的,在"货物描述"中加以注明

续上表

<table>
<tr><th>栏号</th><th colspan="2">栏目名称</th><th>内容填写说明</th></tr>
<tr><td>18</td><td colspan="2">件数 *</td><td>应按货物名称及包装种类，分别记明件数，“合计件数”栏填写货物的总件数。
承运人只按重量承运的货物，则在本栏填记“堆”“散”“罐”字样</td></tr>
<tr><td>19</td><td colspan="2">包装</td><td>记明包装种类，如“木箱”“纸箱”“麻袋”“条筐”“铁桶”“绳捆”等。按件承运的货物无包装时，填记“无”字。使用集装箱运输的货物或只按重量承运的货物，本栏可以省略不填</td></tr>
<tr><td>20</td><td colspan="2">货物价格(元)</td><td>应填写该项货物的实际价格，全批货物的实际价格为确定货物保价金额的依据。(托运人选择保价运输时，为必填项)</td></tr>
<tr><td>21</td><td colspan="2">重量(kg) *</td><td>应按货物名称及包装种类分别将货物实际重量(包括包装重量)用千克记明，“合计重量”栏，填记该批货物的总重量</td></tr>
<tr><td>22</td><td colspan="2">箱型箱类</td><td>箱型填集装箱对应箱型，如“20”“25”“40”“45”“50”。箱类填集装箱对应箱类，如“通用标准箱”“35 t敞顶箱”等</td></tr>
<tr><td>23</td><td colspan="2">箱号</td><td>填写包括箱主代码在内的11位集装箱箱号</td></tr>
<tr><td>24</td><td colspan="2">集装箱施封号</td><td>填写集装箱的铁路施封锁号码</td></tr>
<tr><td>25</td><td rowspan="4">选择服务</td><td>上门装车</td><td>选择上门装车的，需详细填记货物单件规格、重量等特约事项</td></tr>
<tr><td>26</td><td>上门卸车</td><td>选择上门卸车的，需详细填记货物单件规格、重量等特约事项</td></tr>
<tr><td>27</td><td>保价运输、铁路保险、其他商业保险、装载加固材料、仓储、冷藏(保温)</td><td>托运人根据需要选择相应服务</td></tr>
<tr><td>28</td><td>其他服务</td><td>托运人、承运人双方认可的其他服务事项</td></tr>
<tr><td>29</td><td colspan="2">增值税发票类型</td><td>需要开具增值税发票的，选择填记“普通票”“专用票”，并填记受票方名称、纳税人识别号、地址、电话、开户行及账号等信息</td></tr>
</table>

续上表

栏号	栏目名称	内容填写说明
30	托运人记事	填写需要由托运人声明的事项。例如： 1. 货物状态有缺陷，但不致影响货物安全运输，应将其缺陷具体注明。 2. 需要凭证明文件运输的货物，应将证明文件名称、号码及填发日期注明。 3. 托运人派人押运的货物，注明押运人姓名和证件名称及号码。 4. 托运易腐货物或“短寿命”放射性货物时，应记明容许运输期限。选择冷链(保温)运输时，应记明具体运输条件、要求。 5. 使用自备货车或租用铁路货车在营业线上运输货物时，应记明“××单位自备车”或“××单位租用车”。使用自备篷布时，应记明自备篷布号码。 6. 国外进口危险货物，按原包装托运时，应注明“进口原包装”。 7. 托运零散快运货物时，应注明单件最大重量和单件最大长、宽、高。 8. 托运人要求办理铁路货物运输保险时，应注明“已投保运输险”。 9. 其他按规定需要由托运人在运单内记明的事项。 10. 经办人姓名超过 5 个汉字时，应填记姓名全称
31	签章 *	托运人于货物运单打印完毕，并确认无误后，在此栏盖章或签字

2. 货物运单承运人部分填写说明

托运人提报的运输需求在订车成功后，根据约定的装车日期将货物送至车站，与承运人办理货物交接。整车货物装车的，承运人在铁路货运站安全监控与管理系统(简称货运站系统)录入或铁路货运生产作业与管控平台(简称管控平台)采集装车信息；集装箱货物，承运人在铁路集装箱运输管理信息系统(简称集装箱系统)或管控平台录入集装箱信息，生成承运人填写运单的装车(装箱)信息推送至货票系统，制单人员根据作业系统推送信息，添加涉及计费的标准记事，生成完整的货物运单。承运人填写说明，见表 2-2。

表 2-2 运单填写说明(承运人部分)

栏号	栏目名称	内容填写说明
1	货区	填写货物堆存货区
2	货位	填写货物堆存货位
3	车种车号	填写货物装载的铁路货车车种、车型和车号
4	取货里程(km)	根据托运人填写的取货地址确定的取货里程
5	运到期限	填写按规定计算的货物运到期限日数
6	标重	填写铁路货车对应的标记载重
7	施封号	填写货车的施封号码
8	篷布号	填写所苫盖的铁路货车篷布号码
9	送货里程(km)	根据托运人填写的送货地址确定的送货里程
10	装车方	根据装车组织人,填写“托运人”或“承运人”
11	施封方	根据施封负责人,填写“托运人”或“承运人”
12	承运人确定重量(kg)	除一件重量超过车站衡器最大称量的货物外,其他货物由承运人确定货物重量,按货物名称及包装种类分别填记。“合计重量”栏填记该批货物总重量
13	体积(m^3)	按货物名称及包装种类分别填记。“合计体积”栏填记该批货物总体积
14	运价号	填记货物名称对应的运价号
15	计费重量(kg)	整车货物填记货车标记载重或规定的计费重量;零散货物填记按规定处理尾数后的重量或起码重量
16	费目、金额(元)、税额(元)	按规定的计费科目及费用填写
17	费用合计	填写所有费用合计的小写金额
18	大写	填写所有费用合计的大写金额
19	承运人记事	填记需要由承运人记明的事项,例如: 1. 货车代用记明批准的代用命令; 2. 途中装卸的货物,记明计算运费的起讫站名; 3. 需要限速运行的货物和自有动力行驶的机车,记明铁路局集团公司承认命令;

续上表

栏号	栏目名称	内容填写说明
19	承运人记事	4. 对危险货物或鲜活货物，应按货物性质，在记事栏中选择“爆炸品”“氧化性物质”“毒性物质”“腐蚀性物质”“易腐货物”等记事，以及经铁路局集团公司批准按普通货物运输的危险货物记载事项； 5. 机械冷藏等有工作车的成组货车装车时，记载工作车车号； 6. 托运人要求办理铁路货物运输保险时，应记载保险单号码； 7.“卸货时间”由到站按卸车完毕的时间填写； 8.“通知时间”按发出领货（送货）通知的时间填写； 9. 填写“到站收费票据号码”和“领货人身份证号码”； 10. 需要由承运人记明的其他事项
20	签章	收货人签章：收货人领货时签字或盖章。 车站接（交）货人签章：发站上门取货人员名章、到站上门送货人员名章

填制完毕的货物运单，如图 2-2 所示。

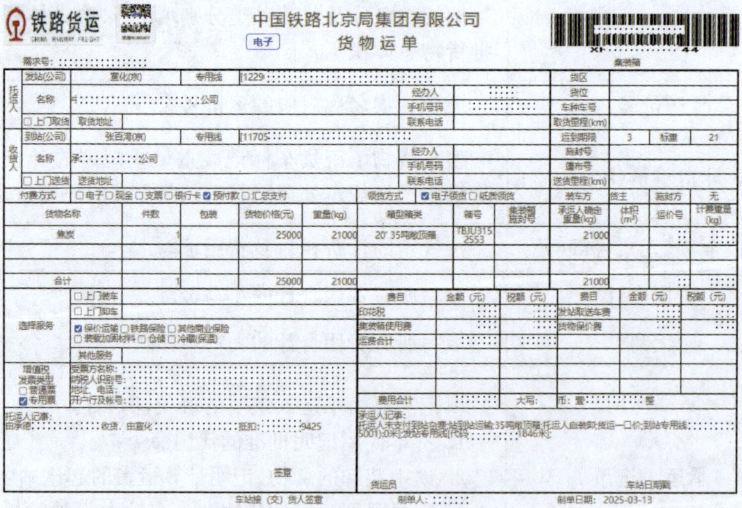
铁路货运 CHINA RAILWAY FREIGHT
中国铁路北京局集团有限公司
电子
货物运单
需求号：
集装箱

托运人	发站(公司)	宣化(京)	专用线	[1229			货区			
	名称	公司			经办人		货位			
					手机号码		车种车号			
	□上门取货	取货地址			联系电话		取货里程(km)			
收货人	到站(公司)	张百湾(京)	专用线	[11705			运到期限	3	标重	21
	名称	承 公司			经办人		施封号			
					手机号码		篷布号			
	□上门送货	送货地址			联系电话		送货里程(km)			
付费方式	□电子□现金□支票□银行卡☑预付款□汇总支付				领货方式	☑电子领货□纸质领货	装车方	货主	施封方	无

货物名称	件数	包装	货物价格(元)	重量(kg)	箱型箱类	箱号	集装箱施封号	承运人确定重量(kg)	体积(m³)	运价号	计费重量(kg)
焦炭	1		25000	21000	20' 35吨敞顶箱	TBJU3152553		21000			
合计	1		25000	21000				21000			

选择服务		费目	金额（元）	税额（元）	费目	金额（元）	税额（元）
	□上门装车	印花税			发站取送车费		
	□上门卸车	集装箱使用费			货物保价费		
	☑保价运输□铁路保险□其他商业保险 □装载加固材料□仓储□冷藏(保温)	运费合计					
	其他服务						
增值税发票类型 □普通票 ☑专用票	受票方名称： 纳税人识别号： 地址、电话： 开户行及帐号：	费用合计		大写：	币：壹 整		

托运人记事：
由承德 收货，由宣化 抵扣： 9425
签章
承运人记事：
托运人未支付到站杂费;站到站运输;35吨敞顶箱;托运人自装卸;货运一口价;到站专用线 5001):0米;发站专用线[代码 1846米;
货运员
车站日期戳
车站接（交）货人签章　制单人：　制单日期：2025-03-13

图 2-2　货物运单（填制完毕）

第二节 核算制单工作内容

一、制单工作内容

1. 制单人员根据车站作业系统推送信息，按照“优先”“普通”级别依次制单；制单完毕后，及时通知车站。

2. 客户当日运输需求制单完毕后，通知客户及时付款。

3. 检查确认已制运单电子签章。

4. 当日制单完毕，按发站分别进行财收打包上传。

5. 分车站结账后，打印发送运单整理报告等，填写票据进款交接单。

6. 本岗位货票系统升级，保证及时更新。

二、制单作业流程

1. 作业前准备

检查岗位计算机等设施设备是否完好；查看运货五信息，掌握本班次作业内容，使用本人工号登录货票系统，进入制单作业界面。货票系统登录界面，如图 2-3 所示。

查看确认货票系统版本号是否为最新版，检查工作日期是否正确。货票系统版本界面，如图 2-4 所示。

2. 制单作业

制单作业作为货物运输全链条中的一个环节，主要工作就是补充完整货物运输信息，计算货物运输费用，生成完整货物运单，为后续货物运输奠定基础。

制单种类主要有：

蓝色边框蓝色字体【整】：单车整车制单；蓝色边框蓝色字体【集】：单箱集装箱制单；蓝色边框红色字体【整】：批量快运制单；蓝色边框红色字体【列】：多车整车制单（批量不能组多车）；蓝色边框红色字体【箱】：多箱集装箱制单。

制单种类界面如图 2-5 所示。

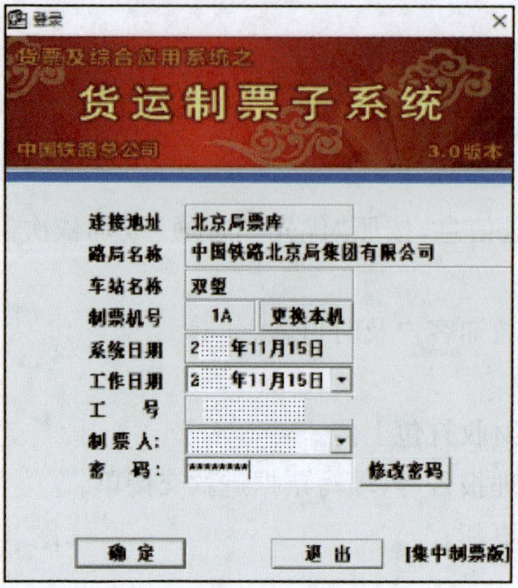

图 2-3 货票系统登录界面

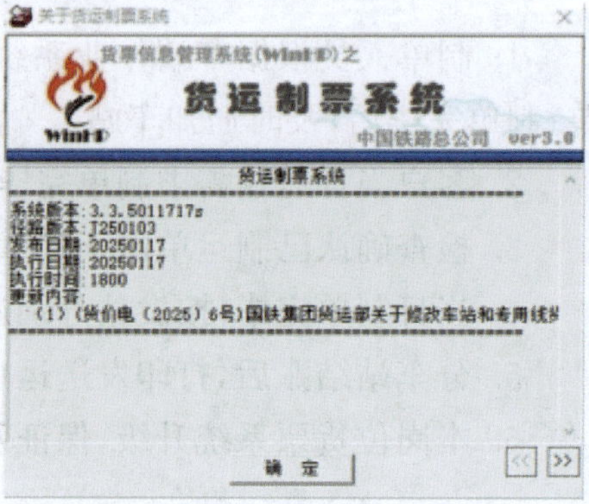

图 2-4 货票系统版本界面

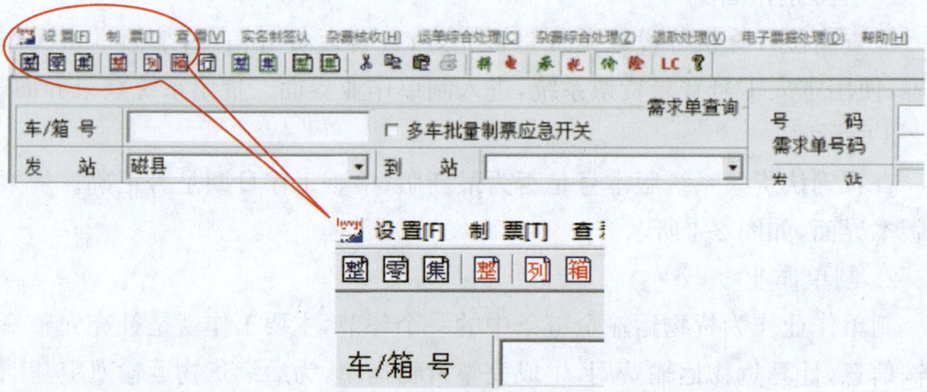

图 2-5 制单种类界面

国际联运、军事运输和特快货物班列等业务制单,按既有方式办理。

选择需制单的票种、发站和装车日期,查询待制运单信息,如图 2-6 所示。

逐条选择待制单信息,核实运单计费相关栏内容,添加相关记事,计费制单,如图 2-7 和图 2-8 所示。

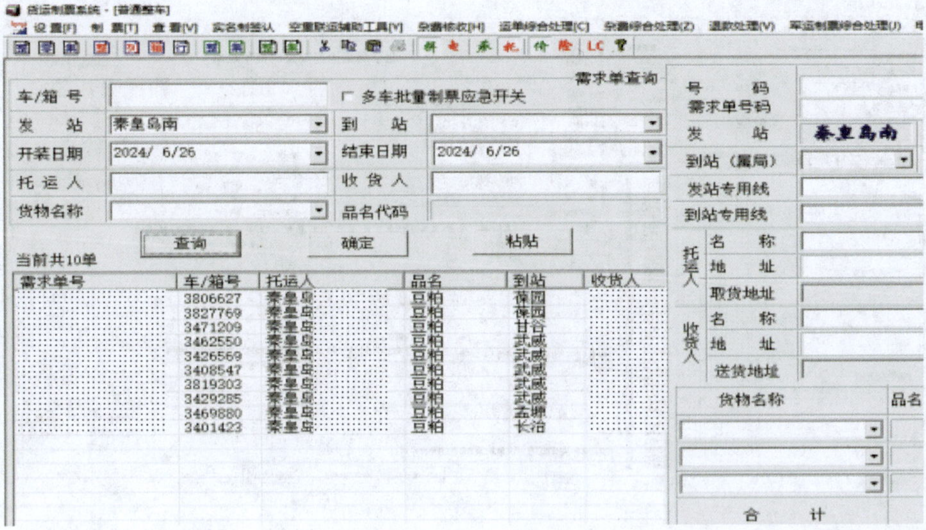

图 2-6 待制单界面

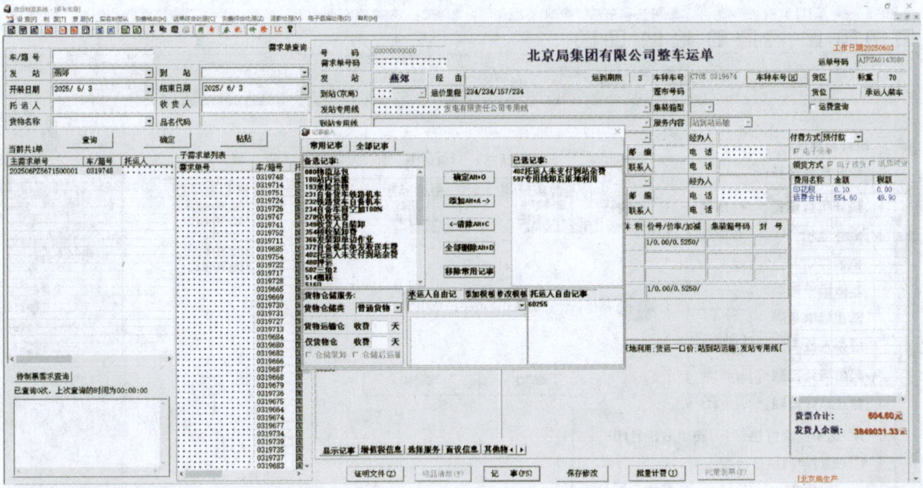

图 2-7 制单添加记事界面

3. 运单电子签章

原则上系统会自动签章，制单人员不需进行签章操作，但因特殊情况系统未自动签章时，制单人员在进行打包操作前，系统将进行弹框提示，需人工签章后再打包，如图 2-9 所示。

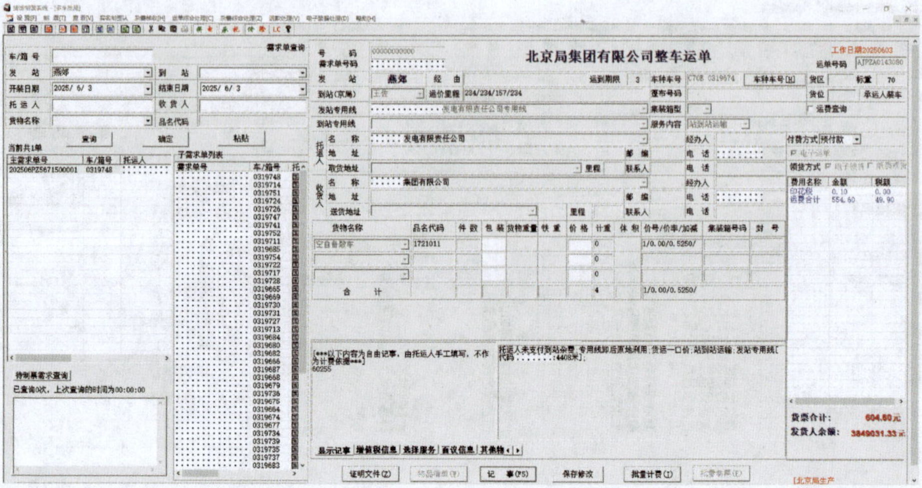

图 2-8 制单界面

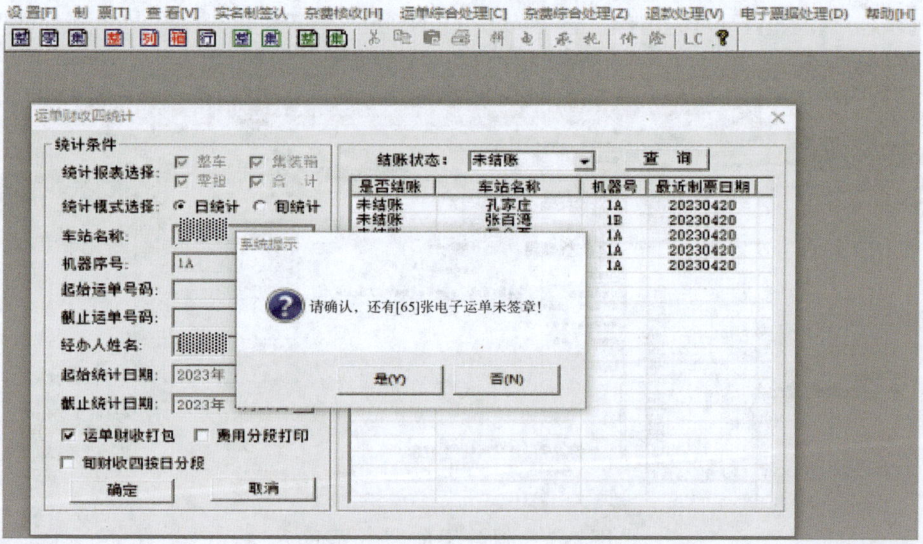

图 2-9 运单电子签章界面

4.“票据整理报告”(财收—4)打包结账

与当日运货五核对并与车站确认当日制票任务完成后，进入【运单综合处理】菜单，选择【运单财收四】，勾选【运单财收打包】进行结账操作，打包时需注意核对车站名称和制票日期。

5. 录入提报“票据进款交接单”(财收—22)

使用本人账号登录铁路运输收入管理信息系统,依次完成同步货票数据、录入到账数据、提报财收—22 操作,与收入岗位做好交接。

6. 填记交接班登记簿

根据运单实际使用情况填记交接班登记簿,记录当班每日作业单数、结账打包时间、财收—22 列账情况,填写当班运单起号、止号、张数;记录当班所遇特殊事项,包括货票系统升级情况、军运车站结账情况、点后作业交接及其他事项。

三、制单作业记事说明

制单作业记事分为常用记事和全部记事,制单人员可根据日常作业需要将使用频率较高的记事从全部记事中选择维护为常用记事,在制单环节添加的标准记事,详见附录 2。

核算制单环节确认或添加的标准记事主要涉及计费方面,制单人员在制单时正确选择标准记事是准确计费制单的关键,因此要特别注意。另外,对于其他岗位添加的涉及运输安全或计费方面的标准记事,在制单时也要注意核对,如“禁止溜放”“限速”等标准记事。

对于有特殊要求的制单,在制单时需做特殊操作,如指定计费径路的货物运输,在制单时需根据有关部门拍发的电报内容,核对涉及计费的相关内容,在货票系统录入经由的关键车站站名,正确计费制单。

四、特殊作业

1. 运单作废

确需作废的运单,核对结账状态,与车站确认“已制单”未结账的运单,符合作废条件[铁路车站综合管理信息系统(简称现车系统)尚未进行发车操作]后进行作废操作。

车站要求作废的运单,由装车车站提供相关信息证明,沟通确认后方可操作。

2. 受理运输变更

根据车站通知,在货票系统进行运输需求变更的受理操作。

(1)变更到站

接到车站变更到站电话通知后,具有签章权限人员登录货票系统,与车站核对新到站、新地点与收货人等变更事项,并由车站提供集团公司下发的调度命令号。选择办理站、日期、受理状态查询,选中需要变更的信息,【输入调度命令】—【通过受理】—【变更受理完成】。

(2)取消托运/变更收货人/变更卸车地点

接到车站取消托运/变更收货人/变更卸车地点电话通知后,具有签章权限人员登录货票系统,选择办理站、日期、受理状态查询,选中需要变更的信息,【通过受理】—【变更受理完成】。

3. 退款证明书填报

发生取消托运、计费错误或变更到站等情况需要退款时,使用货票系统【退款处理】模块的【退款证明书】填开退款证明书。

(1)准备退款申请材料

如客户取消托运、变更产生退款,由营业部及企业提供相应的退款申请并加盖公章;如因货服中心误操作导致退款时,除上述资料由车站提供外,需责任者提供情况说明。准备好上述退款资料及费用明细后,传至货服中心审核后填开。

按不同的退款情况,退款证明书需要附相关退款原因和退款金额的证明材料:

①托运人取消托运时,附纸质“货物运输变更要求书”,内容填写齐全。

②现场作业等原因造成多收杂费办理退款时,需附发站(到站)未提供服务的证明材料。

③未按规定办理退款时,附相关电报及证明文件;有考核运量要求的,需附考核周期运量完成说明,未完成的不予退款;具体退款金额需要截图证明,可以在制票程序查询实收、应收明细款额并截图打印。

④变更退款时,需有变更调度命令、变更要求书以及退款金额的计算过程。

⑤其他退款,需附加上报证明退款理由的票据、文件和相关辅助材料。

(2)填写退款证明书

根据车站提供的退款材料,经货服中心审核无误后,制单人员在货票系统填写退款证明书,如图 2-10 所示。

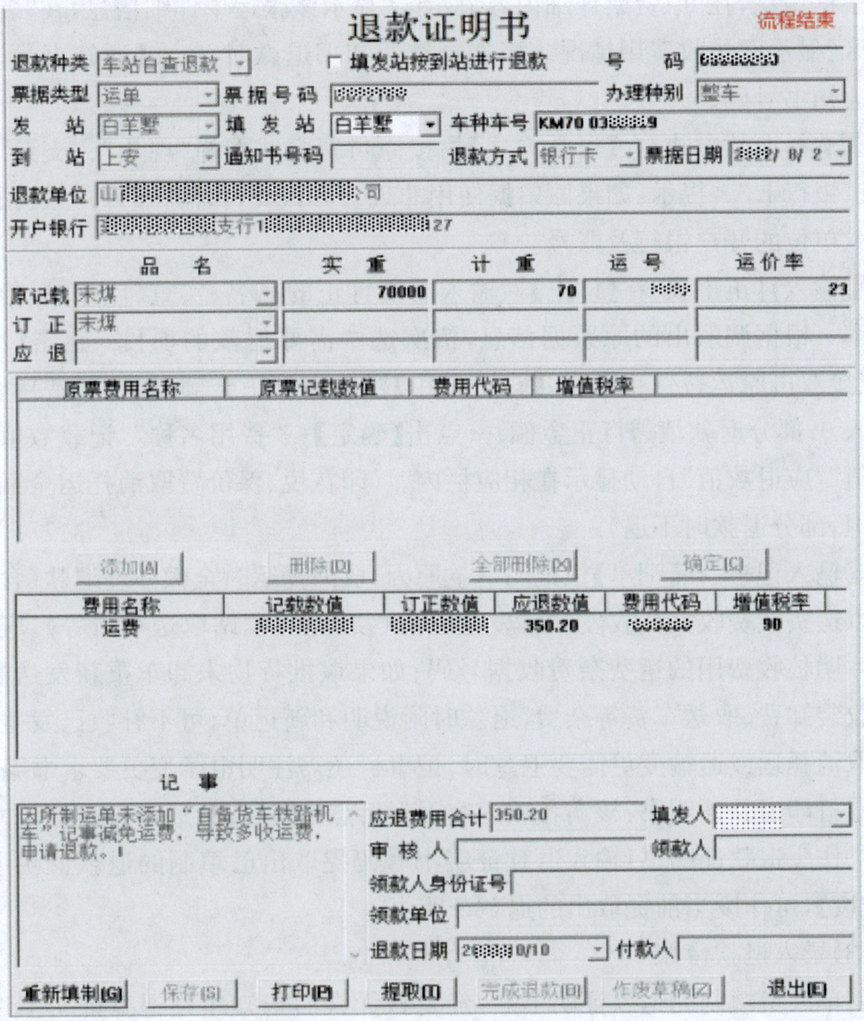

图 2-10　退款证明书界面

退款证明书界面分为 3 个区域,"原货票查询区""原货票详细内容显示区""新费用编辑区"。

①选择退款种类：选择“车站自查退款”或“按通知书退款”—在【票据类型】栏选择“运单”。

②调取票据信息：在“原货票查询区”中【票据号码】栏输入原运单号码—调出原票据信息，在“原货票详细内容显示区”显示该张运单详细信息，在“新费用编辑区”显示已核收费用情况。当选择按通知书退款时，应在【通知书号码】栏输入通知书号码。

③选择退款方式：在【退款方式】栏按原付费方式选择“现金”、“支票”、“网银”或“银行卡”。提示：如果原票据使用非现金方式支付，需在【开户银行】栏输入退款单位的开户银行及账号。

④输入订正事项：在【订正】栏输入需要订正的品名、实重、计重、运价号和运价率—根据调取出的原票据信息，依次选中需要退款的项目—点击【添加】（或直接双击原运费费目）—在【订正费用】栏输入订正金额（如该项费用全退，则输入 0；部分退款填需订正金额）—点击【确定】—“费用名称”“记载数值”“订正数值”“应退数值”自动显示在相应栏内。（印花税、保价费取消托运全额退款时可退，部分退款时不退）

⑤输入记事：在【记事】栏记明退款原因，取消托运时全额办理退款（含印花税），以运费杂费收据核收发站已发生杂费（装卸费、发站取送车费等），应在记事栏注明核收费用的运费杂费收据号码；如果该批货物未卸车重新发送制单，并核收装卸费、取送车费等杂费，退款时附说明和新运单，可不补收已发生的杂费。取消托运或运输变更需要退款时，记事栏还需注明电子变更要求书编号。

⑥打印退款证明书：核实各项内容无误后点击【保存】，通知车站打印。

⑦作废退款证明书：输入退款证明书号码提取出已填制的退款证明书，点击【作废】，可作废当前提取出的退款证明书。

（3）录入退款台账

制单人员填制完退款证明书后，经复核无误后告知车站退款证明书编号，车站负责后续退款手续（打印退款证明书等相关证明材料并按要求签章等），制单人员将相应退款信息录入退款台账。

（4）完成退款及后续操作

①车站提供收入部门审批通过后的“退款审批表”，联系货服中心进行“完

成退款”操作。

②提取退款证明书:点击【提取】,按提示输入退款证明书号码,可提取已保存的退款证明书。根据车站提供的退款审批表,提取退款证明书后,点击【完成退款】。

③退款完成后,制单人员将完成退款信息录入退款台账,联系记账人员列账。

第三节　货票 4.0 系统核算制单作业

一、货票 4.0 系统与货票 3.0 系统的区别

1. 作业界面发生变化

作业人员通过浏览器登录 95306 网,进行制票全部作业。

2. 升级方式发生变化

在进行调价升级时,仅需要选择不同的工作日期,系统自动确定适用的计费版本。

3. 制票卡取消

取消制票卡,通过注册码授权方式对制票机进行授权。

4. 优化制票辅助功能

增加了制票工作台,可便捷查询待制票需求、待受理变更;可查询今日制单工作量;可快速修改作业日期,查询结账状态。

二、制单作业流程

1. 作业前准备

检查岗位计算机等设施设备是否完好;查看运货五信息,掌握本班次作业内容,使用本人账号密码登录中国铁路 95306 网,进入制单作业界面。中国铁路 95306 登录界面,如图 2-11 所示。

2. 制单作业

登录 95306 网后,点击【工作台】,选择日期,查询本作业台待制单信息以及运单待处理状态。工作台信息界面,如图 2-12 所示。

图 2-11　中国铁路 95306 登录界面

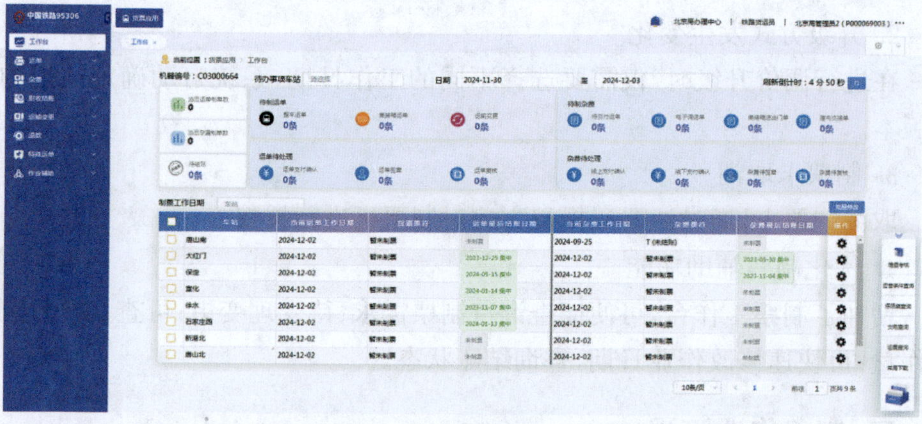

图 2-12　工作台信息界面

查询到待制单信息后，点击【运单】—【运单制票】，并选择相应票种（整车制票/集装箱制票/多车制票/多箱制票）进行相应制单。国际联运、军事运输和特快货物班列等业务制单，按既有方式办理。整车制单界面，如图 2-13 所示。

选择相应待制单信息，点击【制单】，核实装车方式、付款方式、承运人记事等信息，计费制单。制单界面，如图 2-14 所示。

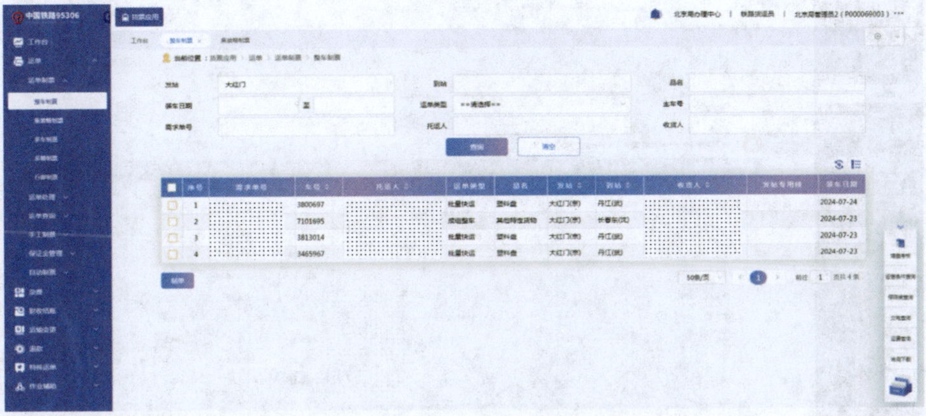

图 2-13　整车制单界面

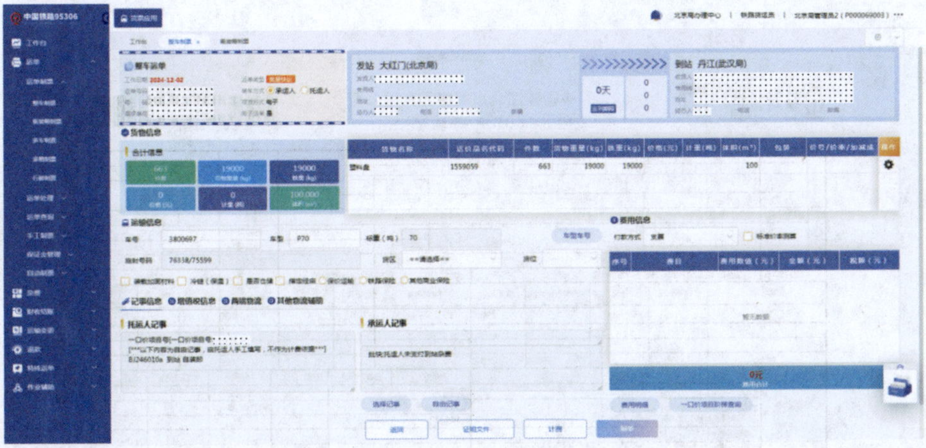

图 2-14　制单界面

3. 运单复核

点击【运单】—【运单处理】—【运单复核】,进入运单复核界面,选择数据后可以进行批量复核通过、复核不通过操作,不通过时需要输入不通过的原因。运单复核操作界面,如图 2-15 所示。

点击某条数据操作列中的复核按钮,即可跳转到运单复核明细界面。在明细界面可以通过按钮进行复核操作。运单复核明细界面,如图 2-16 所示。

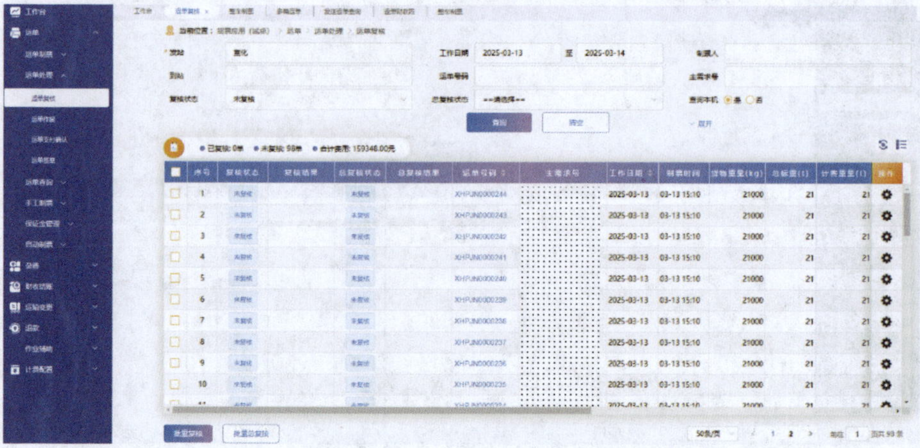

图 2-15　运单复核操作界面

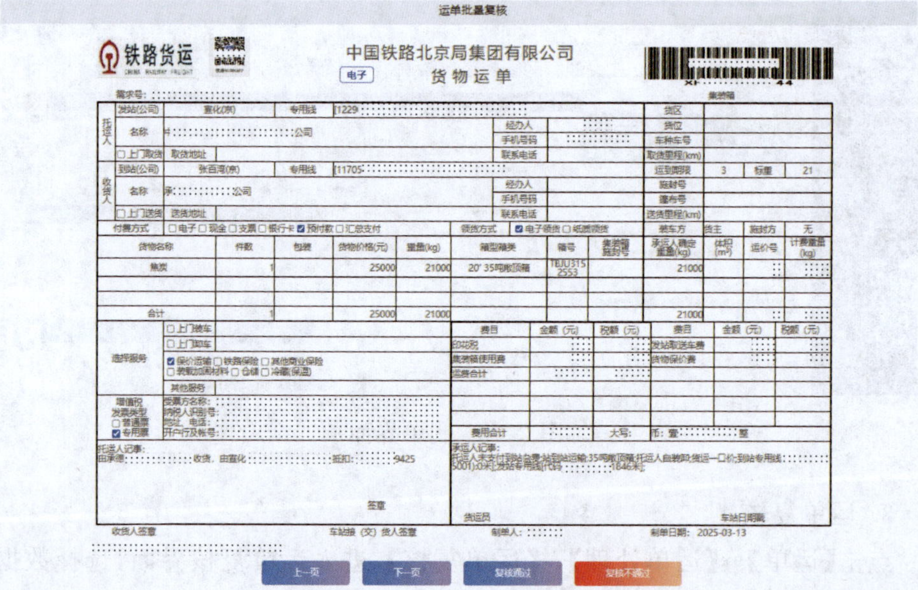

图 2-16　运单复核明细界面

4. 运单签章

点击【运单】—【运单处理】—【运单签章】，即可进入运单签章界面，系统现在主要为自动签章，通常不需要制单人员手工进行签章操作。但因特殊情况系统未自动签章时，制单人员在进行打包操作前，如有未签章运单，系统将进行弹框提示，需人工签章后再打包。运单签章界面，如图 2-17 所示。

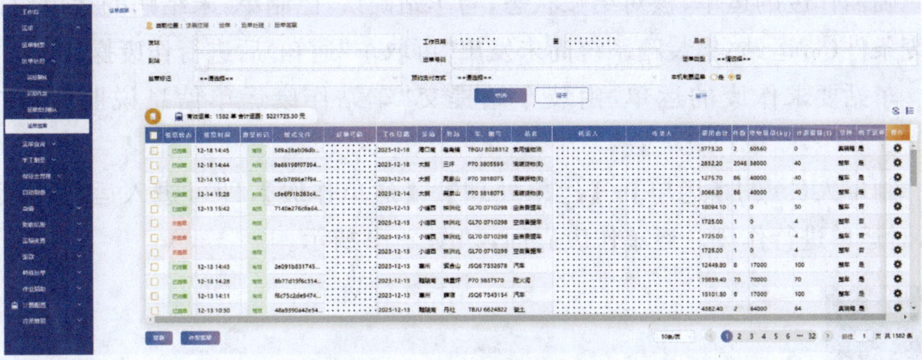

图 2-17　运单签章界面

5. 财收—4 打包结账

与当日运货五核对并与车站确认当日制票任务完成后，点击【财收结账】—【运单财收四】，通过勾选运单财收打包按钮实现功能选择，根据勾选的票据类型，统计整车、集装箱、零担等类型的票据。合计、军运为默认选中统计。打包时需注意核对制票日期和车站名称。财收—4 打包结账界面，如图 2-18 所示。

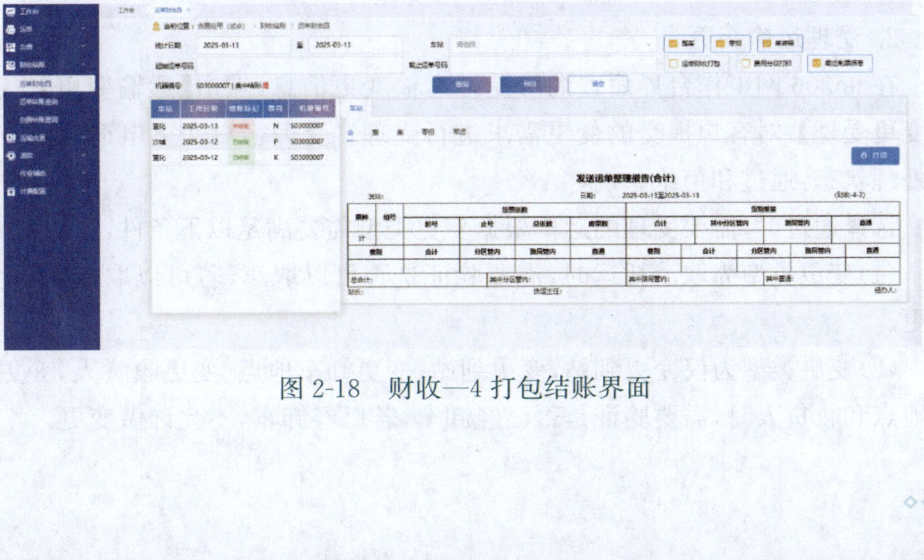

图 2-18　财收—4 打包结账界面

三、特殊作业

1. 运单作废

确需作废的运单，核对结账状态，与车站确认“已制单”未结账的运单，符合作废条件（货运站、集装箱系统尚未发出“可取车”通知）后进行作废操作。

车站要求作废的运单，由装车站提交“车站作废运单信息说明”后方可操作。

制单人员点击【运单】—【运单处理】—【运单作废】，即可进入运单作废界面，对运单进行作废。运单作废界面，如图 2-19 所示。

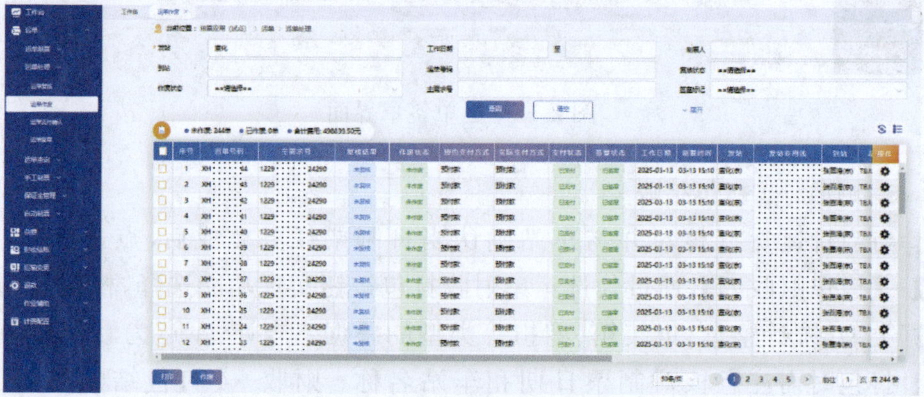

图 2-19　运单作废界面

2. 受理运输变更

在 95306 网工作台界面查询待受理运输变更信息，点击【运输变更】—【客户变更受理】，对客户提交的变更需求进行受理。受理客户变更申请时只有两种处理状态：通过和拒绝。

选择通过时，需要受理的运单根据变更类型需要满足以下条件：

（1）变更类型为取消托运时，需要验证是否可以取车，若可以取车，不允许变更。

（2）变更类型为仅变更到站，变更到站、变更卸车地点、变更收货人，变更卸车地点和收货人时，需要验证是否已经卸车，若已经卸车，不允许做变更。

(3)变更类型为仅变更到站，变更到站、变更卸车地点、变更收货人时，需要额外验证车是否在站，若车不在站不允许做变更。勾选六同数据(票种、到站、发站、收货人、发货人、品名相同)，点击批量处理可以批量受理变更。变更受理界面，如图 2-20 所示。

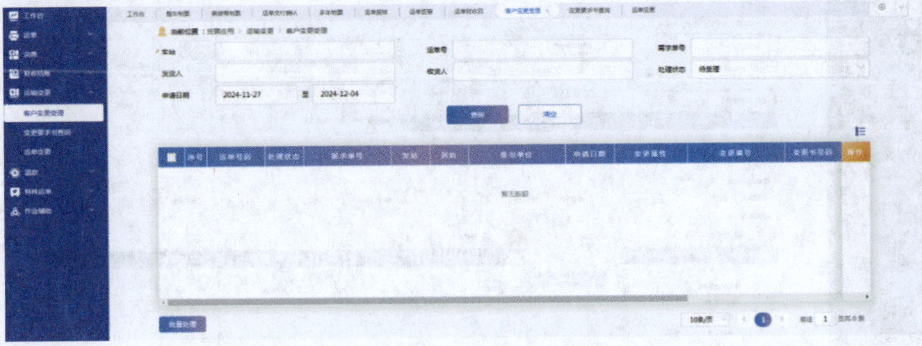

图 2-20　变更受理界面

3. 退款处理

(1)退款申请

发生取消托运、计费错误或变更到站等情况需要退款时，通过输入具体信息查询货票。选择票据类型，退款种类，制票/发/到站，收/发货人名称，制票日期或直接录入运单号码后，点击“查询”按钮，根据实际需要选择要退款票据。退款申请界面，如图 2-21 所示。

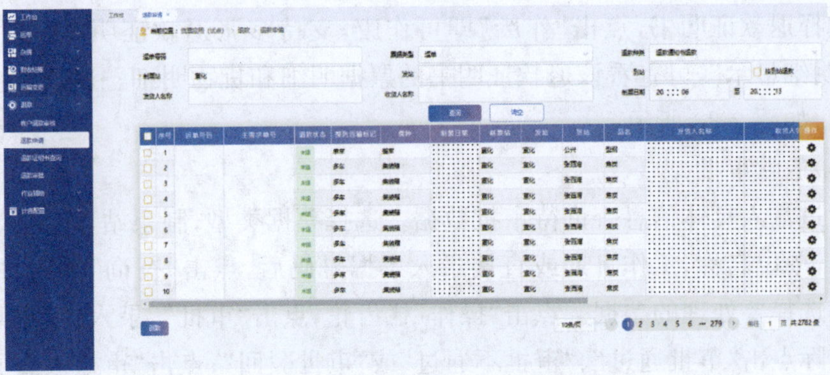

图 2-21　退款申请界面

(2)退款证明书制单

通过退款申请提出的票据,只允许录入填发站、货物明细、记述信息、退款方式、退款单位、开户行名称、开户行账号、费用信息,将上述信息填写完毕后点击“制单”即可。退款证明书制单界面,如图 2-22 所示。

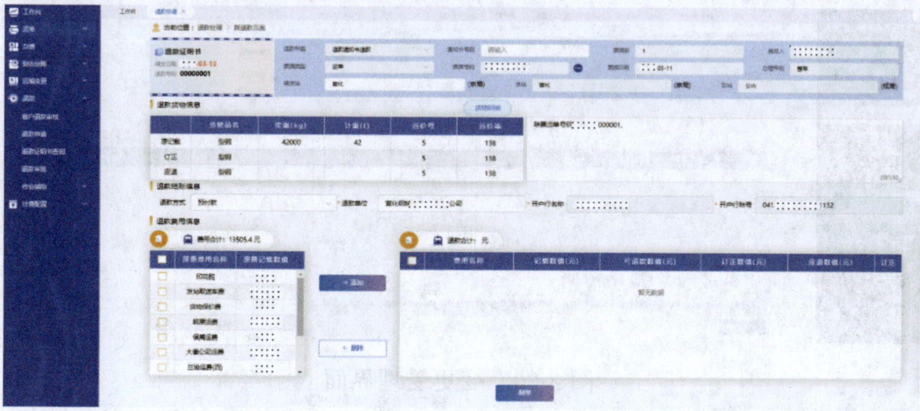

图 2-22　退款证明书制单界面

(3)退款证明书处理

通过输入具体信息查询退款证明书。选择票据类型,办理种别,制票/发/到站,作废/完成/开票/审批状态,单位名称,工作/退款日期或直接录入票据号码后,点击“查询”按钮,根据实际需要选择要处理的票据。制完退款证明书,需将退款证明书提交给审核部门进行审核,点击“提交审批并开票”开始审批流程。选择退款证明书,点击“作废”即可作废,支持多张退款证明书同时作废。点击“明细显示”,可查看该退款证明书的票据明细和货物明细。退款证明书处理界面,如图 2-23 所示。

(4)退款审批

通过输入具体信息查询待审批数据。选择票据类型,制票站,审批状态,完成状态,单位名称,工作日期或直接录入票据号码后,点击“查询”按钮,根据实际需要选择要处理的票据。点击“操作”栏齿轮,点击“审批”,录入“审批意见”,根据实际点击“审批通过”、“审批不通过”或“审批驳回”;点击“审核表查看”,可查看审批表。退款审批界面,如图 2-24 所示。

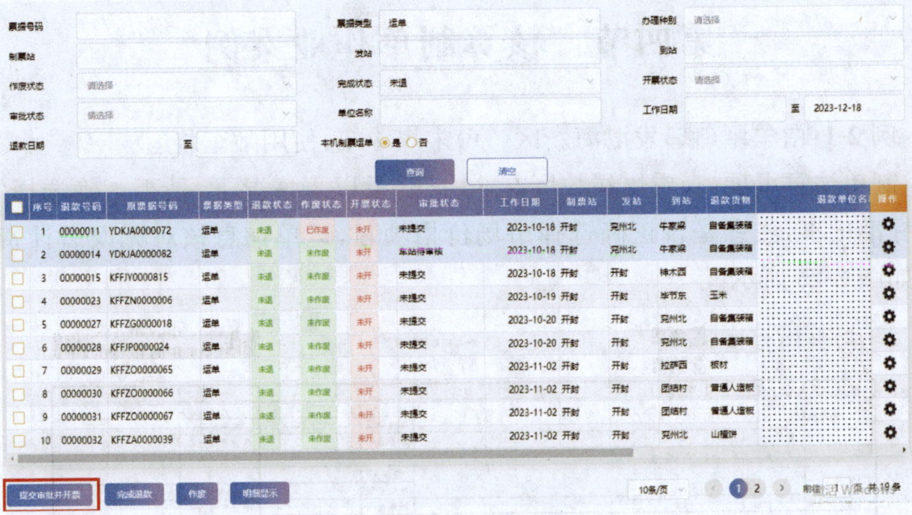

图 2-23　退款证明书处理界面

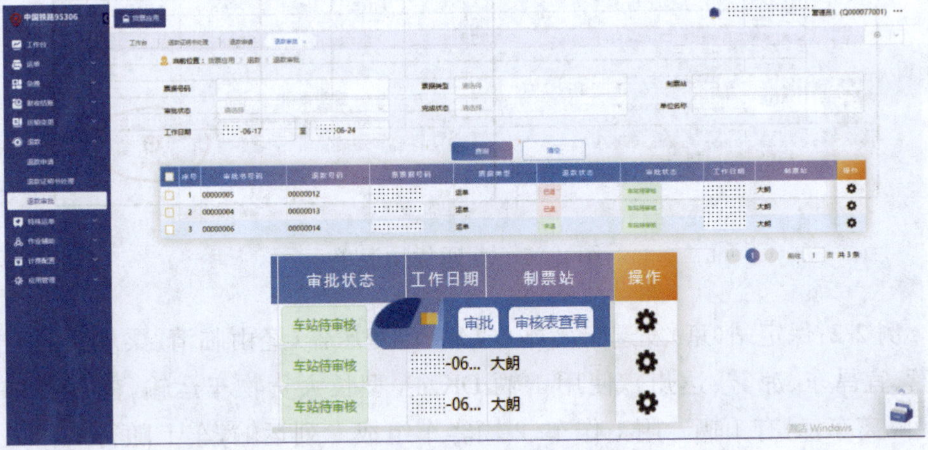

图 2-24　退款审批界面

(5)完成退款

点击【退款证明书处理】，选择审批完成的退款证明书，录入领款人、付款人、领款人身份证号，确认完毕后点击“确认”即可完成退款。

第四节　核算制单作业案例

例 2-1：白羊墅（京）发渤海新区（京）末煤 1 车，使用敞车装运。

制单注意事项：查看煤炭粒度在 35 mm 及以下情况下，是否正确选择“抑尘”标准记事，注意是否正确选择市场价格项目，运单信息核对无误后计费制票，如图 2-25 所示。

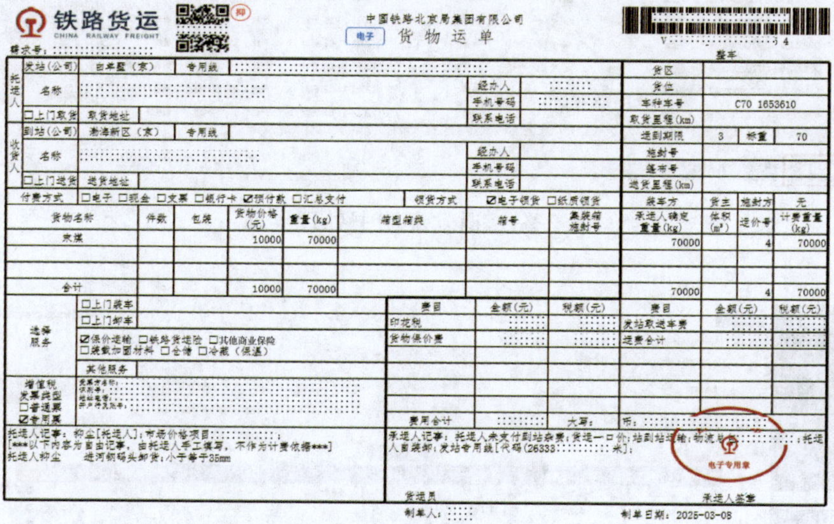
铁路货运 CHINA RAILWAY FREIGHT　抑
中国铁路北京局集团有限公司
电子　货物运单
整车
需求号：

托运人 发站(公司)	白羊墅（京）	专用线		货区	
名称		经办人		货位	
		手机号码		车种车号	C70 1653610
□上门取货 取货地址		联系电话		取货里程(km)	
收货人 到站(公司)	渤海新区（京）	专用线		运到期限 3	标重 70
名称		经办人		施封号	
		手机号码		篷布号	
□上门送货 送货地址		联系电话		送货里程(km)	

付费方式 □电子 □现金 □支票 □银行卡 ☑预付款 □汇总支付　领货方式 ☑电子领货 □纸质领货　装车方 货主　施封方 无

货物名称	件数	包装	货物价格(元)	重量(kg)	箱型箱类	箱号	集装箱施封号	承运人确定重量(kg)	体积(m³)	运价号	计费重量(kg)
末煤			10000	70000				70000		4	70000
合计			10000	70000				70000		4	70000

选择服务：□上门装车 □上门卸车 ☑保价运输 □铁路货运险 □其他商业保险 □装载加固材料 □仓储 □冷藏（保温） 其他服务
增值税发票类型 □普通票 ☑专用票

费目	金额(元)	税额(元)	费目	金额(元)	税额(元)
印花税			发站取送车费		
货物保价费			运费合计		
费用合计		大写：	币：		

托运人记事：抑尘[托运人]；市场价格项目：；
[***以下内容为自由记事，由托运人手工填写，不作为计费依据***]
托运人抑尘　进河钢码头卸货；小于等于35mm
承运人记事：托运人未支付到站杂费；货运一口价；站到站运输；物流总包：；托运人自装卸；发站专用线[代码(26333　米]；
电子专用章
货运员　承运人签章
制单人：　制单日期：2025-03-08

图 2-25　普通货物运单

例 2-2：保定站（京）发遂宁南站（成）一台变压器（经由临清、梁堤头、王楼、部营、宜昌东、凉雾、达州），使用 1 辆 DK36A 型长大货物车运输，前后各加挂 2 辆隔离车，另有 1 辆专用工作车、2 辆客车组成专列运输，车上随行工作人员 5 名，该台变压器超级超限、超级超重，区间限速 50 km/h。

制单操作：选择录入经由车站（临清、王楼、部营、凉雾、达州），检查车站推送的标准记事“禁止溜放”“超级超限”“成组连挂　不得拆解”“限速”等记事标是否齐全，计费后选择查看径路数据，核对经由的线路或车站与电报是否一致，运费加成是否正确，完成制单，如图 2-26 和图 2-27 所示。

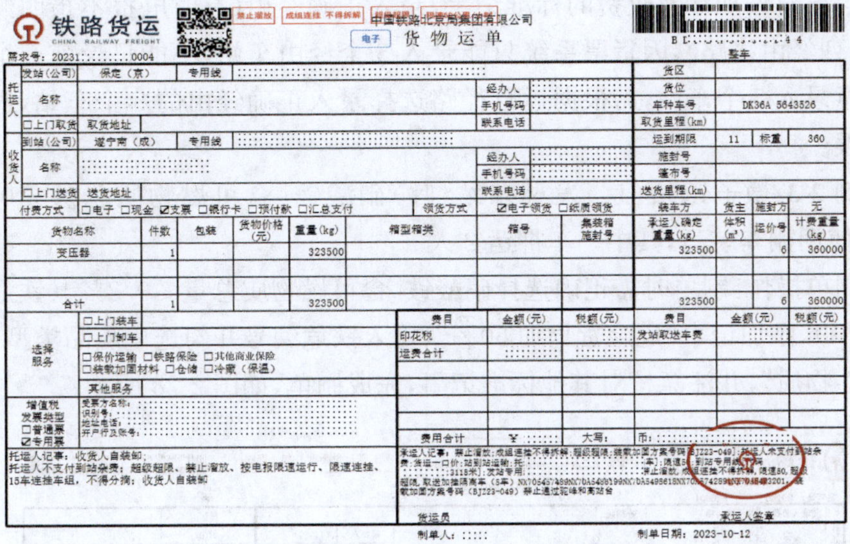
铁路货运 CHINA RAILWAY FREIGHT
禁止溜放　成组连挂 不得拆解
中国铁路北京局集团有限公司
电子　货物运单
整车
需求号：20231　0004

托运人	发站(公司)	保定（京）	专用线			货区			
	名称		经办人			货位			
			手机号码			车种车号	DK36A 5643526		
	□上门取货	取货地址	联系电话			取货里程(km)			
收货人	到站(公司)	遂宁南（成）	专用线			运到期限	11	标重	360
	名称		经办人			施封号			
			手机号码			篷布号			
	□上门送货	送货地址	联系电话			送货里程(km)			
付费方式	□电子 □现金 ☑支票 □银行卡 □预付款 □汇总支付	领货方式	☑电子领货 □纸质领货			装车方	货主	施封方	无

货物名称	件数	包装	货物价格(元)	重量(kg)	箱型箱类	箱号	集装箱施封号	承运人确定重量(kg)	体积(m³)	运价号	计费重量(kg)
变压器	1			323500				323500		6	360000
合计	1			323500				323500		6	360000

选择服务		费目	金额(元)	税额(元)	费目	金额(元)	税额(元)
□上门装车		印花税			发站取送车费		
□上门卸车		运费合计					
□保价运输 □铁路保险 □其他商业保险 □装载加固材料 □仓储 □冷藏（保温）							
其他服务							
增值税发票类型 □普通票 ☑专用票	受票方名称： 识别号： 地址电话： 开户行及账号：	费用合计	¥	大写：	币：		

托运人记事：收货人自装卸；
托运人不支付到站杂费；超级超限、禁止溜放、按电报限速运行、限速连挂、15车连挂车组，不得分摘；收货人自装卸

承运人记事：禁止溜放；成组连挂不得拆解；超级超限；装载加固方案号码[BJZ23-049]；托运人未支付到站杂费；货运一口价；站到站运输；托……车]；限速5…；到站专用线……3118米]；发站专用……禁止溜放，成组连挂不得拆解，限速50，超级超限，取送加挂隔离车（5车）NX70547489NX70A5498199NX70A5498618NX70…74289…3201，装载加固方案号码（BJZ23-049）禁止通过驼峰和高站台

货运员　　承运人签章
制单人：　　制单日期：2023-10-12

图 2-26　超限货物运单

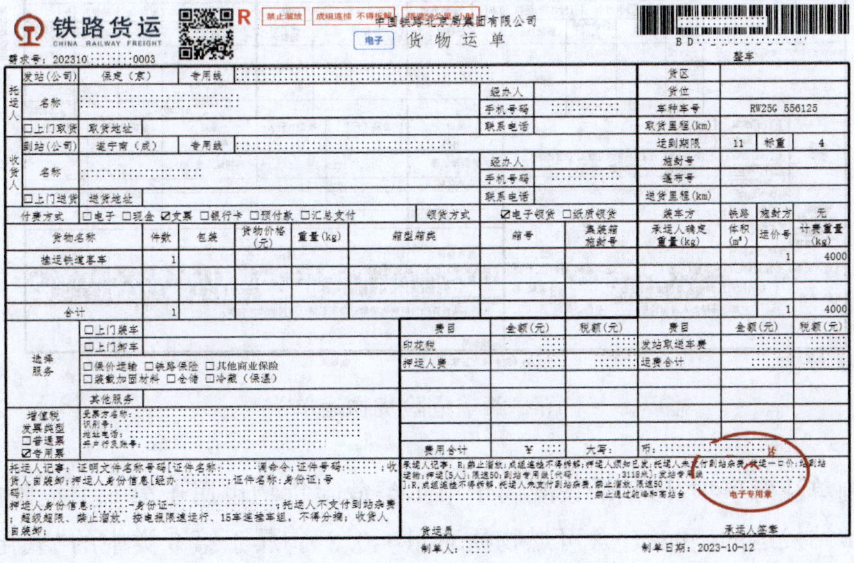
铁路货运 CHINA RAILWAY FREIGHT
R　禁止溜放　成组连挂 不得拆解
中国铁路北京局集团有限公司
电子　货物运单
整车
需求号：202310　0003

托运人	发站(公司)	保定（京）	专用线			货区			
	名称		经办人			货位			
			手机号码			车种车号	RW25G 556125		
	□上门取货	取货地址	联系电话			取货里程(km)			
收货人	到站(公司)	遂宁南（成）	专用线			运到期限	11	标重	4
	名称		经办人			施封号			
			手机号码			篷布号			
	□上门送货	送货地址	联系电话			送货里程(km)			
付费方式	□电子 □现金 ☑支票 □银行卡 □预付款 □汇总支付	领货方式	☑电子领货 □纸质领货			装车方	铁路	施封方	无

货物名称	件数	包装	货物价格(元)	重量(kg)	箱型箱类	箱号	集装箱施封号	承运人确定重量(kg)	体积(m³)	运价号	计费重量(kg)
挂运铁道客车	1									1	4000
合计	1									1	4000

选择服务		费目	金额(元)	税额(元)	费目	金额(元)	税额(元)
□上门装车		印花税			发站取送车费		
□上门卸车		押运人费			运费合计		
□保价运输 □铁路保险 □其他商业保险 □装载加固材料 □仓储 □冷藏（保温）							
其他服务							
增值税发票类型 □普通票 ☑专用票	受票方名称： 识别号： 地址电话： 开户行及账号：	费用合计	¥	大写：	币：		

托运人记事：证明文件名称号码[证件名称：调命令；证件号码：；收货人自装卸；押运人身份信息[经办：证件名称：身份证；号码：；押运人身份信息：-身份证-：；托运人不支付到站杂费；超级超限、禁止溜放、按电报限速运行、15车连挂车组，不得分摘；收货人自装卸；

承运人记事：R；禁止溜放；成组连挂不得拆解；押运人须知已发；托运人未支付到站杂费；货运一口价；站到站运输；押运[5人]；限速50；到站专用线[代码：3118米]；发站专用线：]；R，成组连挂不得拆解，托运人未支付到站杂费，禁止溜放，限速50，禁止通过驼峰和高站台

电子专用章

货运员　　承运人签章
制单人：　　制单日期：2023-10-12

图 2-27　挂运铁道客车运单

制单注意事项：超级超限货物专列制单，除审核运单标准记事外，还需按电报内容核对添加涉及收费的标准记事，录入正确经由（有时电报不指明经由车站，只列经由线路），因货票系统只能录入 5 个经由车站，不能只录前 5 个车站或随意录入 5 个车站，需根据运行径路选择录入正确经由的 5 个车站，避免计费错误。

例 2-3：微子镇站（京）发林东站（呼）硝酸铵[含可燃物质总量≤0.2%] 4 车，使用棚车装运，其中一车押运 2 人。

制单操作：制单时需正确选择硝酸铵[含可燃物质总量≤0.2%]（铁危编号 51069A），添加记事“危险货物加 50%”，输入铁危编号并勾选危险品类型“一级氧化性物质”，并注意核对其他标准记事，完成制单，如图 2-28 所示。

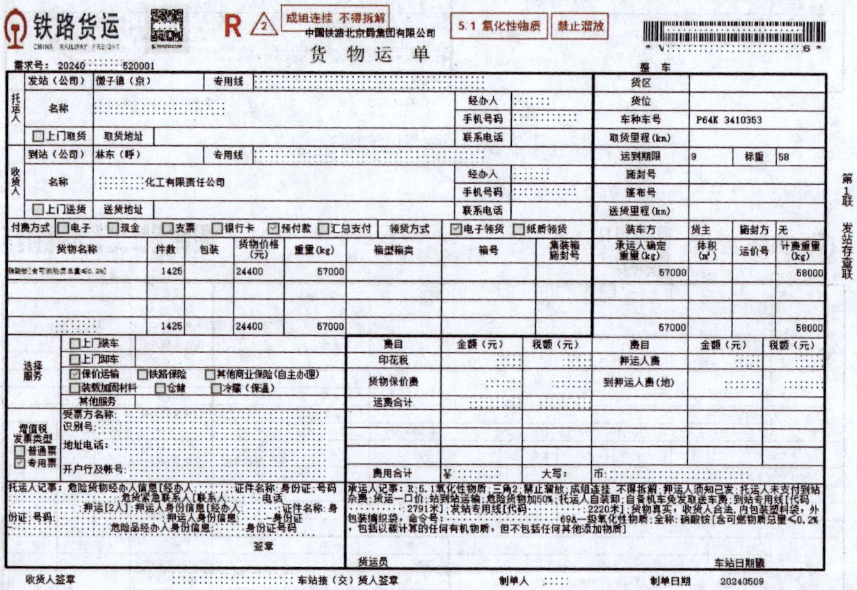
铁路货运 CHINA RAILWAY FREIGHT
R 2 成组连挂 不得拆解 5.1 氧化性物质 禁止溜放
中国铁路北京局集团有限公司
货物运单
需求号：20240……520001
整车

托运人	发站（公司）	微子镇（京）	专用线				货区				
	名称				经办人		货位				
					手机号码		车种车号	P64K 3410353			
	□上门取货	取货地址			联系电话		取货里程(km)				
收货人	到站（公司）	林东（呼）	专用线				运到期限	9	标重	58	
	名称	……化工有限责任公司			经办人		施封号				
					手机号码		篷布号				
	□上门送货	送货地址			联系电话		送货里程(km)				

付费方式 □电子 □现金 □支票 □银行卡 ☑预付款 □汇总支付　领货方式 ☑电子领货 □纸质领货　装车方 货主　施封方 无

货物名称	件数	包装	货物价格(元)	重量(kg)	箱型箱类	箱号	集装箱施封号	承运人确定重量(kg)	体积(m³)	运价号	计费重量(kg)
硝酸铵[含可燃物质总量≤0.2%]	1425		24400	57000				57000			58000
	1425		24400	57000				57000			58000

选择服务：□上门装车 □上门卸车 ☑保价运输 □铁路保险 □其他商业保险(自主办理) □装载加固材料 □仓储 □冷藏（保温） 其他服务

费目	金额（元）	税额（元）	费目	金额（元）	税额（元）
印花税			押运人费		
货物保价费			到押运人费(地)		
运费合计					

增值税发票类型 □普通票 ☑专用票　受票方名称：　识别号：　地址电话：　开户行及帐号：
费用合计 ¥　大写：　币：

托运人记事：危险货物经办人信息[经办人……证件名称：身份证;号码……]危货紧急联系人[联系人……电话……]押运[2人]；押运人身份信息[经办人……证件名称：身份证；号码：……]押运人身份信息……身份证……危险品经办人身份信息……身份证号码……
签章

承运人记事：R;5.1氧化性物质；三角2；禁止溜放；成组连挂 不得拆解；押运人须知已发；托运人未支付到站杂费；货运一口价；站到站运输；危险货物加50%；托运人自装卸；自备机车免发取送车费；到站专用线[代码……2791米]；发站专用线[代码……2220米]；货物真实，收货人合法，内包装塑料袋，外包装编织袋，命令号：……69A—一级氧化性物质；全称：硝酸铵[含可燃物质总量≤0.2%，包括以碳计算的任何有机物质，但不包括任何其他添加物质]
货运员　车站日期戳

收货人签章　车站接（交）货人签章　制单人　制单日期 20240509
第1联 发站存查联

图 2-28　危险货物运单

制单注意事项：因硝酸铵既属于第 1 类危险货物也属于第 5 类危险货物，微子镇站发运的硝酸铵[含可燃物质总量≤0.2%]属于第 5 类中的“氧化性物质”，应正确选择铁危编号和危险货物类别。

例 2-4：大红门站（京）发简阳站（成）2 辆其他挂运车辆，成组连挂，不得拆解，禁止溜放，车辆换长 2.4，押运员 1 名，附车辆技术状态证明书。

制单注意事项：其他挂运车辆按轴数计费，在标重处输入 4 表示 4 轴；检查车站推送的标准记事“禁止溜放”“成组连挂　不得拆解”等记事标是否齐全；有押运员不仅需添加记事押运员[1 人]，还需在承运人记事中填写押运员姓名及身份证号码；车辆换长 2.4，需添加记事“自备车回空加 100%”，完成制单，如图 2-29 所示。

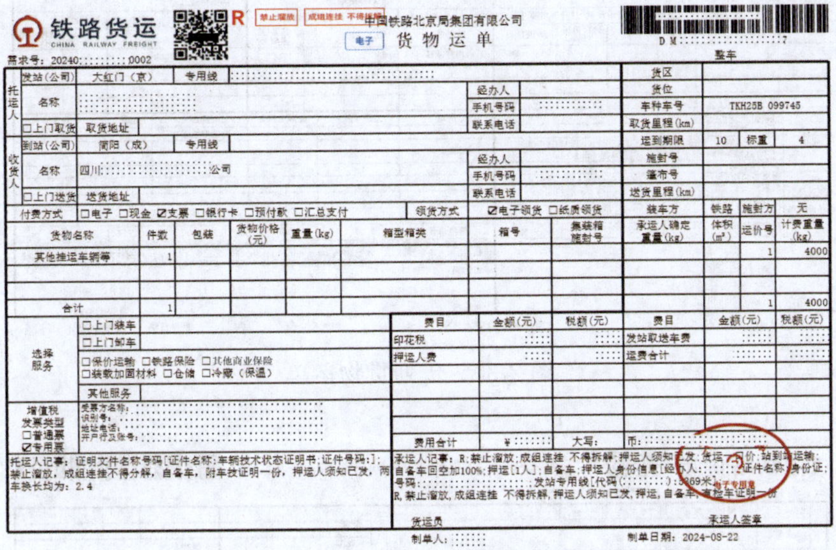

图 2-29　其他挂运车辆货物运单

例 2-5：高邑站（京）发阿拉山口（境）站（乌）临时班列 55 车。

制单注意事项：临时班列也需按照班列径路计费，制单时需按车站提供的电报内容录入临时班列车次、局命令号、经由等，注意正确录入经由站名，避免错误计费，完成制单，如图 2-30 所示。

例 2-6：塘沽站（京）发茂陵站（西）一车冻肉，使用 40 英尺铁路机械冷藏箱运输，且途中需要供电服务。该货物属易腐货物，容许运输期限 11 天，热状态为冻结，运输温度－15 ℃。

制单注意事项：检查车站推送的标准记事“禁止溜放”“成组连挂　不得拆解”等记事标是否齐全，核对易腐货物容许运输期限（日数）是否大于货物运到期限三日以上，检疫证明文件是否齐全有效，托运人需在货物运单内注明运输温度，承运温度需低于容许运输温度，完成制单，如图 2-31 所示。

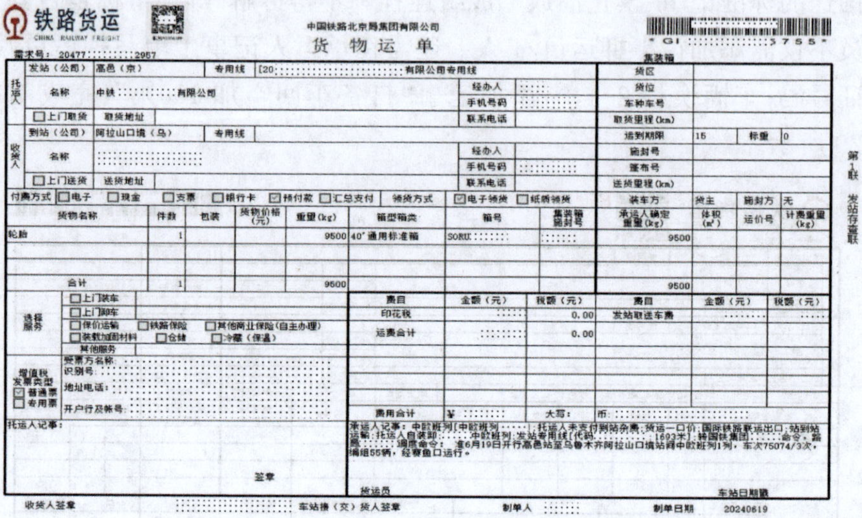
铁路货运 CHINA RAILWAY FREIGHT
中国铁路北京局集团有限公司
货物运单
* GI ……3755 *
需求号：20477……2957

托运人	发站（公司）：高邑（京）	专用线：[20……有限公司专用线		货区
	名称：中铁……有限公司		经办人：……	货位
			手机号码：……	车种车号
	☐上门取货	取货地址	联系电话	取货里程(km)
收货人	到站（公司）：阿拉山口境（乌）	专用线		运到期限：15　标重：0
	名称：……		经办人	施封号
			手机号码：……	篷布号
	☐上门送货	送货地址	联系电话	送货里程(km)

付费方式：☐电子 ☐现金 ☐支票 ☐银行卡 ☑预付款 ☐汇总支付　领货方式：☑电子领货 ☐纸质领货　装车方：货主　施封方：无

货物名称	件数	包装	货物价格（元）	重量(kg)	箱型箱类	箱号	集装箱施封号	承运人确定重量(kg)	体积(m³)	运价号	计费重量(kg)
轮胎	1			9500	40′通用标准箱	SORU……	……	9500			
合计	1			9500				9500			

选择服务：☐上门装车 ☐上门卸车 ☐保价运输 ☐铁路保险 ☐其他商业保险(自主办理) ☐装载加固材料 ☐仓储 ☐冷藏（保温） 其他服务

增值税发票类型：☑普通票 ☐专用票　受票方名称：……　识别号：……　地址电话：……　开户行及帐号：……

费目	金额（元）	税额（元）	费目	金额（元）	税额（元）
印花税	……	0.00	发站取送车费	……	……
运费合计	……	0.00			
费用合计	¥……	大写：	币：……		

托运人记事：

承运人记事：中欧班列[中欧班列……]；托运人未支付到站杂费；货运一口价；国际铁路联运出口；站到站运输；托运人自装卸；……中欧班列；发站专用线[代码……1693米]；铸国铁集团……命令，路局……调度命令：准6月19日开行高邑站至乌鲁木齐阿拉山口境站间中欧班列1列，车次75074/3次，编组55辆，经霍鱼口运行。

签章　货运员　车站日期戳
收货人签章　……　车站接（交）货人签章　制单人 ……　制单日期 20240619

第1联 发站存查联

图 2-30　班列货物运单

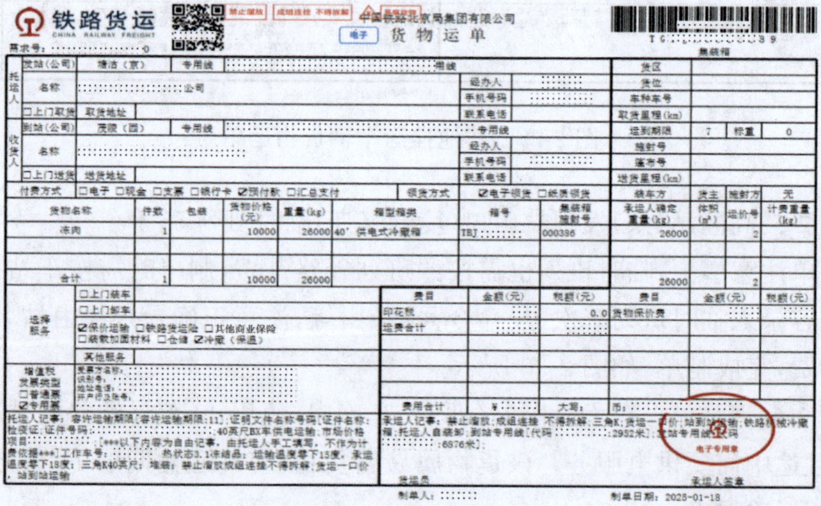
铁路货运 CHINA RAILWAY FREIGHT
禁止溜放　成组连挂 不得拆解
中国铁路北京局集团有限公司
电子　货物运单
TG……39
需求号：……0

托运人	发站(公司)：塘沽（京）	专用线：……用线		货区
	名称：……公司		经办人：……	货位
			手机号码：……	车种车号
	☐上门取货	取货地址	联系电话	取货里程(km)
收货人	到站(公司)：茂陵（西）	专用线：……专用线		运到期限：7　标重：0
	名称：……		经办人	施封号
			手机号码：……	篷布号
	☐上门送货	送货地址	联系电话	送货里程(km)

付费方式：☐电子 ☐现金 ☐支票 ☐银行卡 ☑预付款 ☐汇总支付　领货方式：☑电子领货 ☐纸质领货　装车方：货主　施封方：无

货物名称	件数	包装	货物价格(元)	重量(kg)	箱型箱类	箱号	集装箱施封号	承运人确定重量(kg)	体积(m³)	运价号	计费重量(kg)
冻肉	1		10000	26000	40′ 供电式冷藏箱	TBJ……	000386	26000		2	
合计	1		10000	26000				26000		2	

选择服务：☐上门装车 ☐上门卸车 ☑保价运输 ☐铁路货运险 ☐其他商业保险 ☐装载加固材料 ☐仓储 ☑冷藏（保温） 其他服务

增值税发票类型：☐普通票 ☑专用票　受票方名称：……　识别号：……　地址电话：……　开户行及帐号：……

费目	金额(元)	税额(元)	费目	金额(元)	税额(元)
印花税	……	0.0	货物保价费	……	……
运费合计	……	……			
费用合计	¥……	大写：	币：……		

托运人记事：容许运输期限[容许运输期限：11]；证明文件名称号码[证件名称：检疫证，证件号码：……]；40英尺BX车供电运输；市场价格项目……；[***以下内容为自由记事，由托运人手工填写，不作为计费依据***]工作车号：……　热状态3.1冻结品；运输温度零下15度，承运温度零下18度；三角K40英尺；堆箱；禁止溜放成组连挂不得拆解；货运一口价，站到站运输

承运人记事：禁止溜放；成组连挂 不得拆解；三角K；货运一口价；站到站运输；铁路机械冷藏箱；托运人自装卸；到站专用线[代码……2952米]；发站专用线[代码……6876米]；

电子专用章

货运员　承运人签章
制单人：……　制单日期：2025-01-18

图 2-31　易腐货物运单

第三章 收入作业

铁路货运收入是指运输企业在办理货物运输业务和辅助作业中向托运人、收货人核收的货物运费和杂费等运输费用的总称。收入工作包含进款管理、票据管理、费用核收、账表编报等内容。本章分别对收入进款、收入记账的日常、特殊作业流程进行阐述，并通过案例展开介绍。

第一节　收入作业内容

一、收入进款

收入进款负责每日核对账款，根据进款到账情况在货票系统进行支付确认，对未到账款进行催缴；处理迟交运杂费、多缴款，汇总结算款；汇缴运输收入进款、退款，打印银行回单、对账单；每季度负责预付款签认记录的发出、收回、报送、留存等工作。

二、收入记账

收入记账负责在铁路运输收入管理信息系统（简称收入系统）录入通用凭证、银行回单、对账单，编制、打印、报送、留存"运输收入进款收支报告"（财收—8）、银行日记账等各类收入账表，按规定保存收入账表电子数据；负责人工抵用预付款，冻结及解冻保证金等工作。

第二节　收入进款作业

一、日常作业

1. 核对账款

(1)根据进款到账信息核对运输收入应收账款是否到账，对未到账进款实时催缴。

(2)未按规定到账进款，按迟交运杂费处理；发生多缴款，按多缴款列账处理。

2. 支付确认

根据客户汇缴运输费用到账情况，在货票系统进行支付确认。

3. 录入凭证

(1)根据对账结果，对发生的多缴款和迟交运杂费，在收入系统录入债权债务凭证，并负责后续处理。

(2)根据汇总结算客户发生的运输费用，在收入系统录入汇总结算凭证，并负责后续处理。

(3)按日登记债权债务登记簿，按月整理债权债务明细账。

4. 汇缴进款

(1)按集团公司规定的日期和时间汇缴运输收入进款。

(2)根据收入账户余额填写银行业务委托书，并填写付款审批表，进行逐级审核，审核通过后业务委托书加盖印鉴，前往银行进行汇款，并打印银行回单、对账单。

二、特殊作业

1. 发生及收回欠款

(1)发生欠款

①按发生欠款日期在收入系统录入“运输收入进款欠补款报告”(财收—35)并打印，录入财收—22，登记债权债务登记簿，将财收—35 甲联(欠款联)交记账岗位。

②每日联系车站及客户进行催缴,必要时联系物流中心催缴,直至欠款收回。

(2)收回欠款

①账款收回后,通知交付岗位开具运费杂费收据核收迟交金。

②在财收—35 乙联(补款联)、丙联(车站存查联)补填收回日期、迟交金金额及运费杂费收据号码等信息,录入财收—22,登记债权债务登记簿,将财收—35 乙联交记账岗位,丙联留存。

2. 发生及处理多缴款

(1)发生多缴款

①按到账日期在收入系统录入"多、少缴款凭证"(财收—11—1)并打印,录入财收—22,登记债权债务登记簿,将财收—11—1 乙联(发生时随财收—8 上报)交记账岗位。

②及时联系车站及客户处理多缴款,需在 180 天内处理完毕,避免出现因超期未处理引起经济纠纷。

(2)处理多缴款

①多缴款转为溢收款:联系客户出具溢收证明并留存,在财收—11—1 甲联(车站存查)、丙联(处理后随财收—8 上报)注明款项处理信息,录入财收—22,登记债权债务登记簿,将财收—11—1 丙联交记账岗位,甲联留存。

②多缴款支付运输费用:在财收—11—1 甲联、丙联注明款项处理信息,录入财收—22,登记债权债务登记簿,将财收—11—1 丙联交记账岗位,甲联留存。

③多缴款退款处理:根据客户提交的退款申请,经核对退款金额、账户信息无误,履行多缴款退款审批流程后,办理退款手续。

(3)注意事项

①发生多缴款的客户与多缴款使用客户不一致时,由多缴款单位提供带有单位公章的说明,指定该笔多缴款用于支付其他客户运输费用,避免发生债权债务风险。

②多缴款超过 180 天未能处理的,转运营财务部门列营业外收入。

3. 预付款季度签认

(1)发出签认记录

①每季度在收入系统导出电子版签认记录,分别发放至各物流中心。

②各物流中心组织车站进行签认,纸质版签认记录一式三份。

(2)收回签认记录

①及时接收物流中心已签认的纸质版签认记录(一式两份)并审核,保证戳记齐全有效。

②将审核后的签认记录一份报送至收入部门,一份留存。

4. 运杂费退款

(1)发生退款

制单、交付岗位依据车站填制的"退款登记表",在货票系统录入退款证明书。

(2)实际退款

①现付退款时,填写银行业务委托书,并填写付款审批表,进行逐级审核,审核通过后业务委托书加盖印鉴,前往银行进行退款;预付款退款时,记账岗位在收入系统将预付款退回原预付款账户。

②进款岗位按实际退款方式录入财收—22,记账岗位接收财收—22并做账。

第三节 收入记账作业

一、日常作业

1. 票据进款交接

(1)接收进款岗位提供的债权债务凭证、银行回单、对账单,并在银行回单、对账单进行信息标注。

(2)接收制单、交付岗位提供的支付方式统计表,在收入系统按日分车站接收制单、交付岗位提报的财收—22并进行校验,完成记账岗位与制单、交付岗位票据进款交接。

2. 编制“运输收入进款收支报告”(财收—8)

(1)按照接收的支付方式统计表及各类凭证,在收入系统录入通用凭证。

(2)汇总预付款抵用凭证,生成预付款抵用凭证汇总单。

(3)按车站生成财收—8。

3. 录入银行日记账

(1)按照银行回单在收入系统逐笔录入银行凭证,生成银行日记账。

(2)录入银行对账单,完成对账。

4. 电子账表核对上报

(1)在收入系统核对“应汇局款存入情况核对表”及“运输进款动态报告”(财收—8—3)等账表,确保账表无误后上报。

(2)在收入系统按车站核对、上报财收—8。

5. 纸质账表报送留存

(1)按日整理债权债务凭证,按规定时间报送收入部门。

(2)按月填制并打印“未存款清单”,打印财收—8、“运输进款动态报告月汇总表”、“车站银行流转额表”等账表,按规定时间报送收入部门。

(3)每月按要求编制、打印、装订、留存各种收入账表、凭证、账簿等,按月保存收入账表电子数据。

二、特殊作业

1. 保证金冻结及解冻

(1)冻结保证金

①接收制单岗位按业务填写的市场价格考核项目交接单、空重联运保证金交接单。

②依据市场价格考核项目交接单、空重联运交接单,在收入系统冻结保证金,登记保证金台账并告知车站保证金冻结情况。

(2)解冻保证金

掌握已冻结保证金考核事项,待车站提出保证金解冻申请后,在收入系统解冻保证金,并登记保证金台账。

2. 预付款人工抵用

(1)填制预付款抵用凭证

根据支付方式统计表等信息，在收入系统录入预付款抵用凭证，填制抵用日期、收款单位、窗口号、客户名称、抵用金额、票号、备注等内容并保存，生成预付款抵用凭证。

(2)盯控预付款人工抵用

记账岗位每日登记预付款人工抵用台账，对抵用账户名称、抵用金额等情况进行自检，总检岗位进行复核，发挥岗位互控作用，每季度对人工抵用预付款客户的账目重点核对签认。

第四节　收入作业案例

一、运输进款支付确认

例 3-1：2025 年 1 月 13 日，甲站制 A 客户运费杂费收据 1 张，产生到站取送车费 704.7 元，A 客户为现付客户，对运输费用进行到账核对，并在货票系统进行支付确认。

作业步骤：

1. 查询到账信息

进款岗位登录企业网上银行，点击【账户管理】—【明细查询】，选择查询日期为“2025 年 1 月 13 日”，点击【查询】，查看到 A 客户 704.7 元已到账，结合支付方式统计表及到账备注信息确认为甲站进款，如图 3-1 所示。

2. 进行支付确认

进款岗位在货票系统点击【电子票据处理】—【电子杂费支付确认】，制票站选择“甲站”，起始、终止工作日期选择“2025 年 1 月 13 日”，点击【查询】，勾选运费杂费收据，点击【杂费支付确认】，选择实际支付方式为“支票支付”，点击【确定】，完成支付确认，如图 3-2 所示。

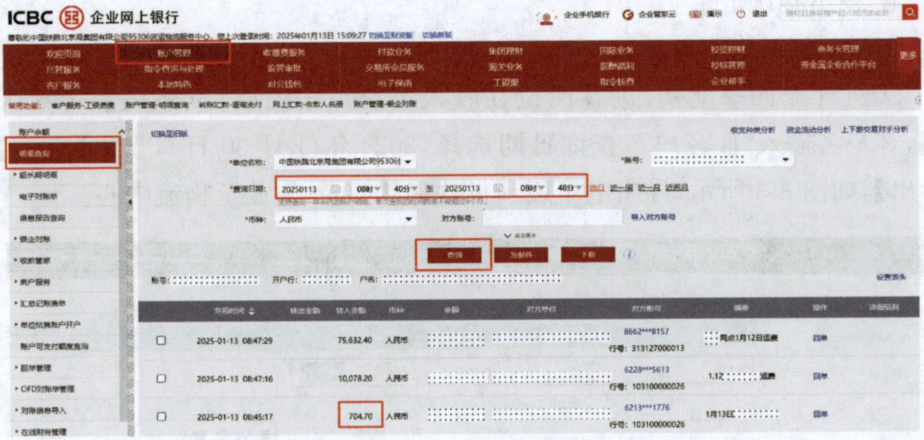

图 3-1　到账信息查询

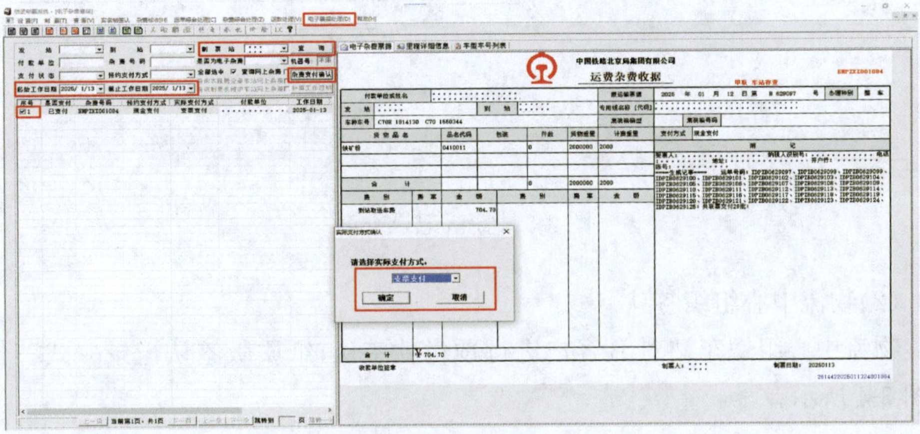

图 3-2　支付确认

二、预付款季度签认

例 3-2：B 客户 2024 年三季度末预付款账户余额为 220 500.00 元，对 B 客户进行预付款季度签认。

作业步骤：

1. 发出签认记录

(1)提供签认记录

2024 年第四季度初，进款岗位在收入系统点击【预付款账表】—【签认记录】，客户名输入“B 客户”，查询日期选择“2024 年 9 月 30 日”，点击【查询】—【导出】，如图 3-3 所示，导出电子版预付款签认记录，发放至物流中心。

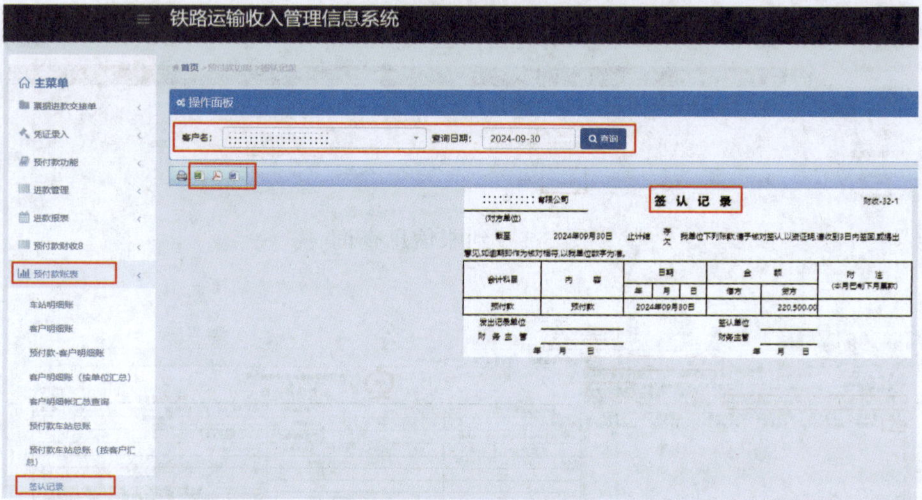

图 3-3　签认记录查询

(2)物流中心组织签认

物流中心组织车站对 B 客户进行预付款签认，纸质版签认记录一式三份，如图 3-4 所示。

::::::::::::::::::::有限公司　　　　**签 认 记 录**　　　　财收-32-1

(对方单位)

截至　　2024年09月30日　　止计结　存欠　我单位下列账款，请予核对签认，以资证明，请收到3日内签回，或提出意见，如逾期即作为核对相符，以我单位数字为准。

会计科目	内　容	日期			金　额		附　注(本月已制下月票款)
		年	月	日	借方	贷方	
预付款	预付款	2024年09月30日				220,500.00	

发出记录单位　　　　　　　　签认单位

财 务 主 管　　　　　　　　财务主管

年　月　日　　　　　　　　年　月　日

图 3-4　签认记录(发出前)

2. 收回签认记录

(1)物流中心收回一式两份纸质签认记录,并传递至货服中心。

(2)进款岗位核实签认记录信息,将签认记录一份报送至收入部门,一份留存,如图 3-5 所示。

……………有限公司

(对方单位)

签　认　记　录

财收-32-1

截至　2024年09月30日　止计结　存/欠　我单位下列账款,请予核对签认,以资证明,请收到3日内签回,或提出意见,如逾期即作为核对相符,以我单位数字为准。

会计科目	内　容	日期			金　额		附　注(本月已制下月票款)
		年	月	日	借方	贷方	
预付款	预付款	2024年09月30日				220,500.00	

发出记录单位 ________

财 务 主 管 ________

2024 年 10 月 1 日

某某某公司

收入专用章

人名章

签认单位 ________

财务主管 ________

2024 年 10 月 14 日

某某某公司

收入专用章

人名章

图 3-5　签认记录(收回后)

三、编制“运输收入进款收支报告”(财收—8)

例 3-3:2024 年 6 月 30 日,制乙站 C 客户货物运单 1 223 张,C 客户为预付款客户,产生费用 1 680 728. 9 元,制单时进行预付款实时抵扣;制 D 客户货物运单 50 张,产生费用 530 505. 2 元,于当日汇款到账;制 E 客户运费杂费收据 1 张,产生费用 9 885. 7 元,次日未到账,发生欠款 9 885. 7 元。在收入系统编制乙站财收—8 并上报。

作业步骤:

1. 接收“票据进款交接单”(财收—22)

记账岗位在收入系统点击【票据进款交接单】—【货运制票财收 22】,进入列表,日期选择“2024 年 6 月 30 日”,单位选择“乙站”,点击【查询】,对制单、交付岗位提报的财收—22 依次点击【校验】(图 3-6),状态变为核验已通过(图 3-7),财收—22 交款人、收款人处显示人名(图 3-8),票据进款交接完成。

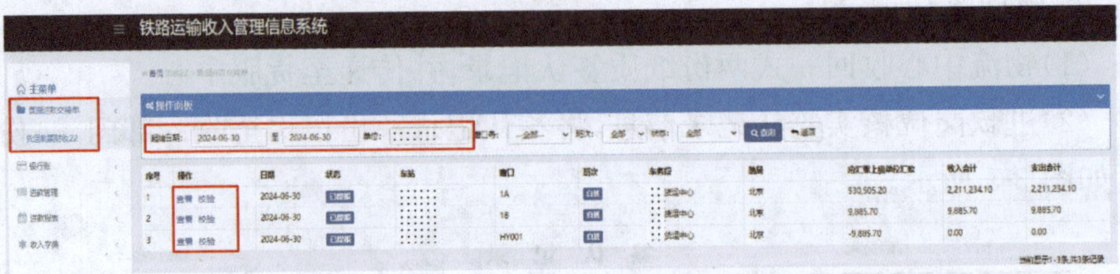

图 3-6　财收—22 校验

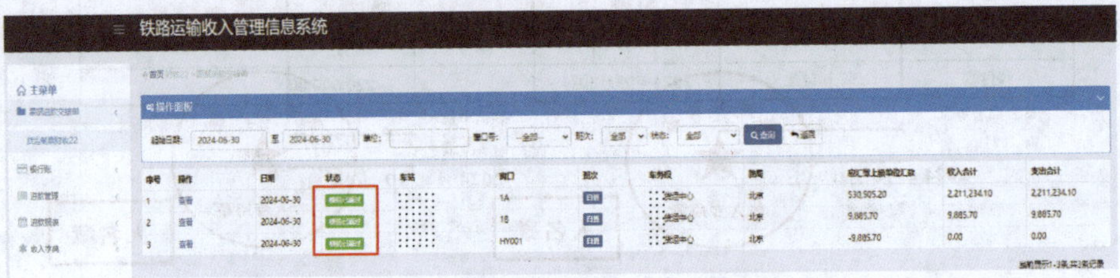

图 3-7　财收—22 核验已通过

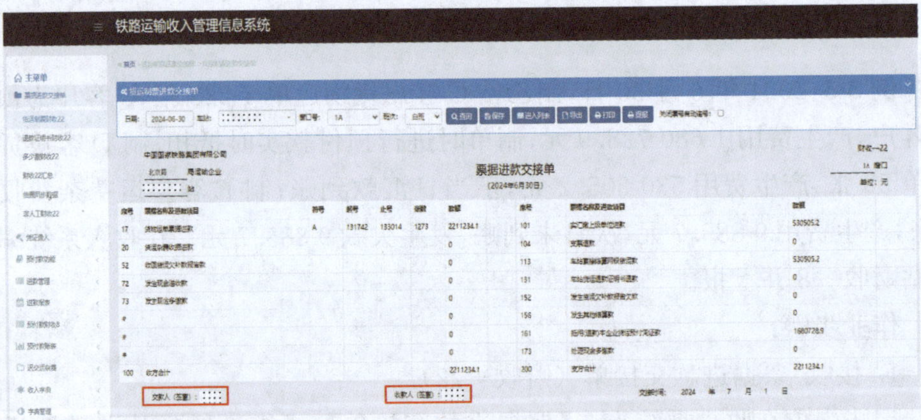

图 3-8　财收—22 交接完成

2. 录入债权债务

(1)进款岗位确认 E 客户产生欠款 9 885.7 元,在收入系统点击【凭证录入】—【迟交运杂费】,凭证日期选择“2024 年 6 月 30 日”,车站选择“乙站”,依次录入“客户”“客货标记”“欠款原因”,点击【新增票据信息】,录入“票据类型”“起号""止号""张数""金额"(图 3-9),点击【保存】,生成财收—35(图 3-10),打印后将甲联交记账岗位。

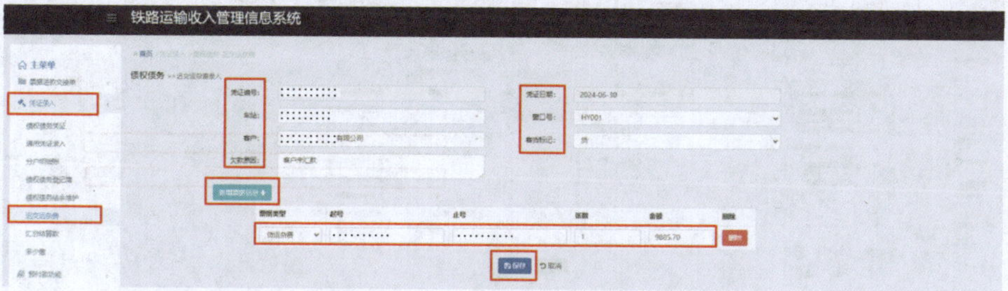

图 3-9　迟交运杂费录入

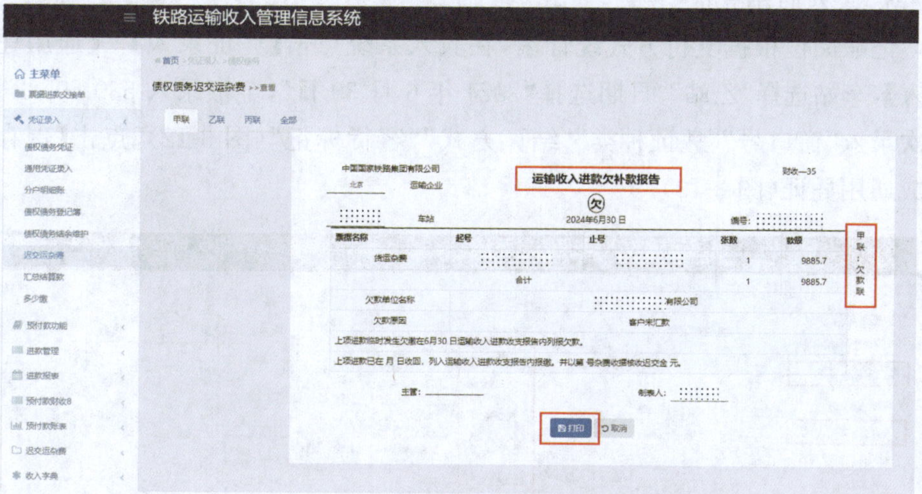

图 3-10　财收—35 生成

(2)进款岗位在收入系统点击【票据进款交接单】—【货运制票财收 22】,日期选择"2024 年 6 月 30 日",车站选择"乙站",依次选择"窗口号""班次",在 152 项"发生货运欠补款报告欠款"录入金额 9 885.7 元,在 113 项"车站直接结算网银货运款"录入金额－9 885.7 元,点击【保存】,财收—22 保存完毕,如图 3-11 所示。

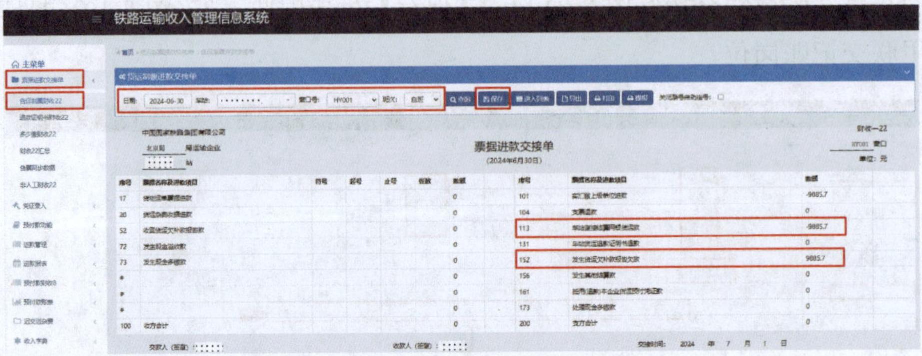

图 3-11　财收—22 债权债务录入

3. 录入通用凭证

记账岗位根据支付方式统计表，在收入系统点击【凭证录入】—【通用凭证录入】，车站选择“乙站”，日期选择“2024 年 6 月 30 日”，金额录入 530 505.2 元，依次录入“窗口号”“凭证种类”“结算方式”“客货标记”（图 3-12），点击【保存】，生成通用凭证（图 3-13）。

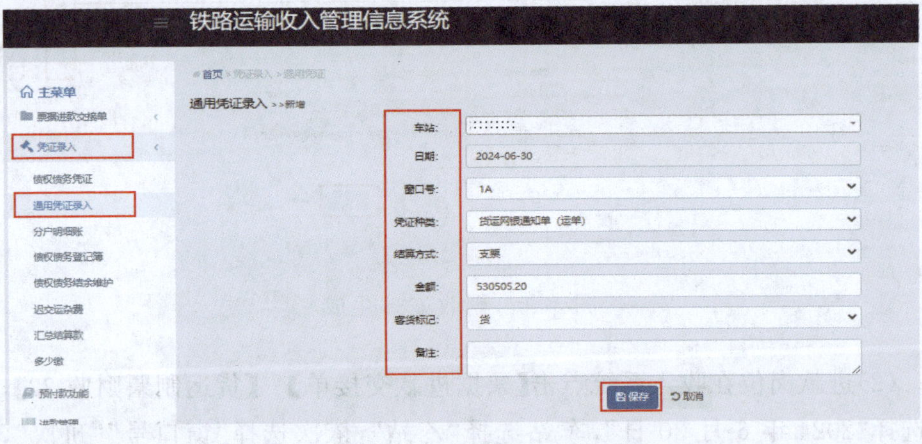

图 3-12　通用凭证录入

4. 生成“运输收入进款收支报告”（财收—8）

记账岗位在收入系统点击【进款管理】—【财收 8】，单位选择“乙站”，日期选择“2024 年 6 月 30 日”，点击【财收 8 生成】，生成乙站财收—8（图 3-14），根据接收的债权债务凭证、支付方式统计表核对财收—8信息，发现问题及时修改。

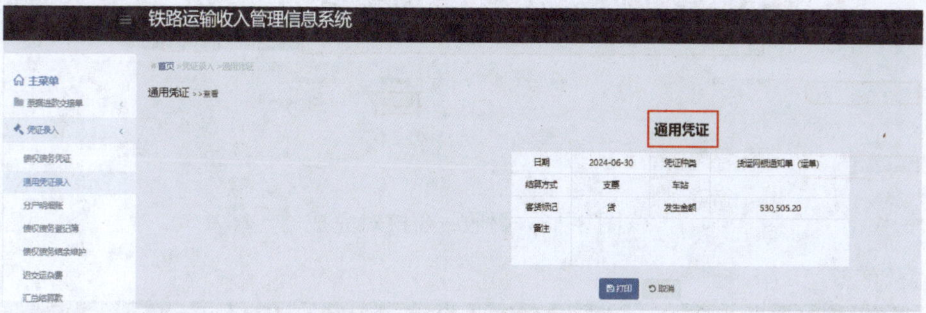

图 3-13　通用凭证生成

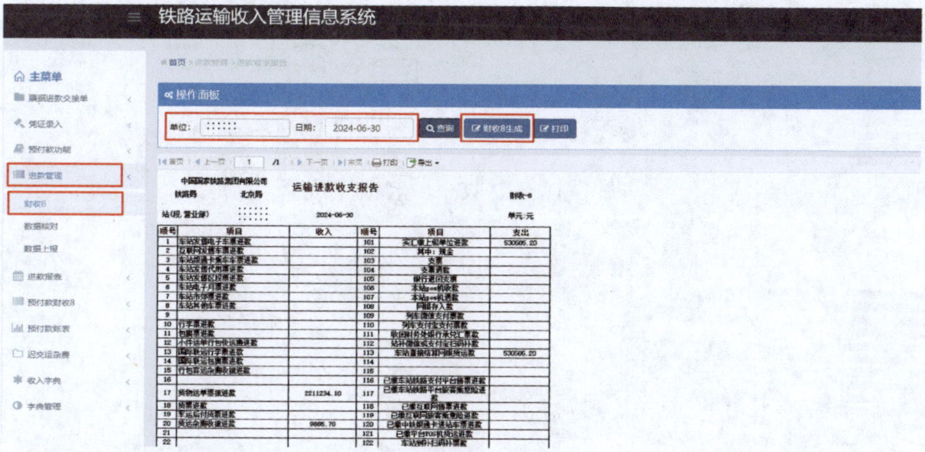

图 3-14　财收—8 生成

5. 核对、上报“运输进款收支报告”(财收—8)

记账岗位在收入系统点击【进款管理】—【数据上报】，日期选择“2024 年 6 月 30 日”，单位选择“乙站”，点击【核对】，当前状态变为“已冻结”(图 3-15)，核对完成；点击【上报】，当前状态变为“已上报”(图 3-16)，乙站财收—8 上报成功。

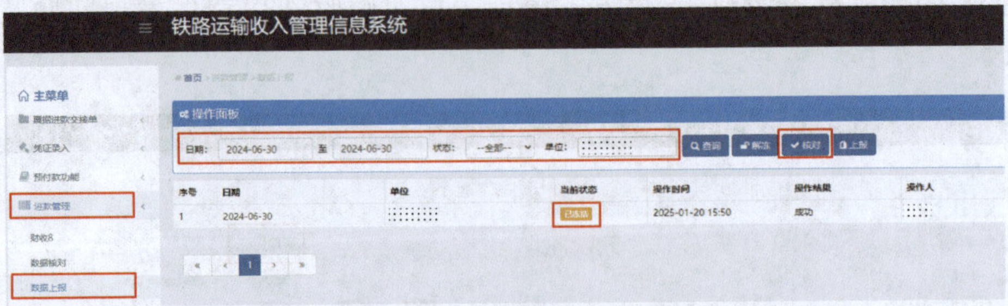

图 3-15　财收—8 核对完成

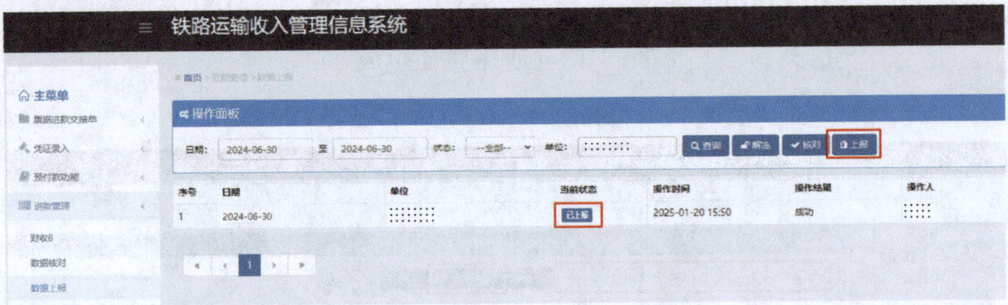

图 3-16　财收—8 上报完成

第四章

内交付作业

内交付岗位负责根据到达卸车、现场实际产生的杂费等情况进行内交付作业，核算杂费制单，并检查电子签章、财收结账。本章主要对内交付作业流程、运费杂费制单作业、内交付作业案例、运费杂费作业案例和特殊作业处置等进行介绍。

第一节　内交付作业标准流程

一、电子运单内交付

1. 设置领货人(司机)

在铁路货场卸车的货物，托运人可选择设置领货密码(内交付前领货密码可重置)，并线下告知收货人，收货人可在铁路 95306 设置领货人。收货人未注册铁路 95306 或已注册但无法查询到到达运单时，可在货运营业室提供电子领货密码、纸质证明材料、领货委托书等，货运人员通过铁路 95306 采集资料协助收货人设置领货人(司机)，如图 4-1 所示。

2. 领货通知

对到达的货物运单，铁路 95306 自动发送领货通知。根据实际情况，货运人员也可通过铁路 95306 人工发出领货通知，或线下通知并在铁路 95306 登记通知时间。铁路货场卸车的，卸车完毕后发出领货通知(直卸，做卸车计划或派班时发出领货通知)。专用线卸车的，路企办理入线交接后发出领货通知。领货通知界面如图 4-2 所示。

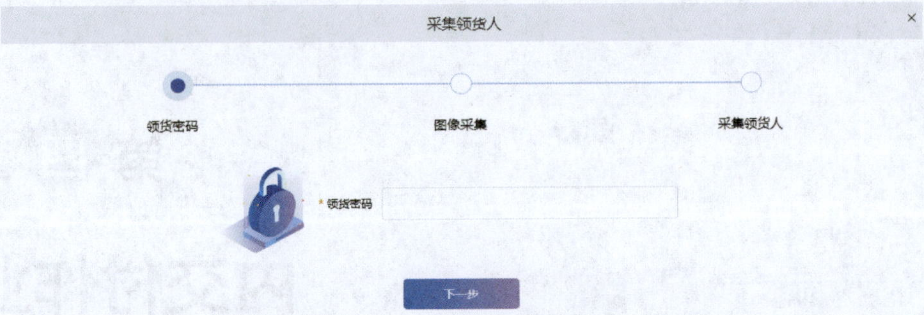

图 4-1　采集领货人界面

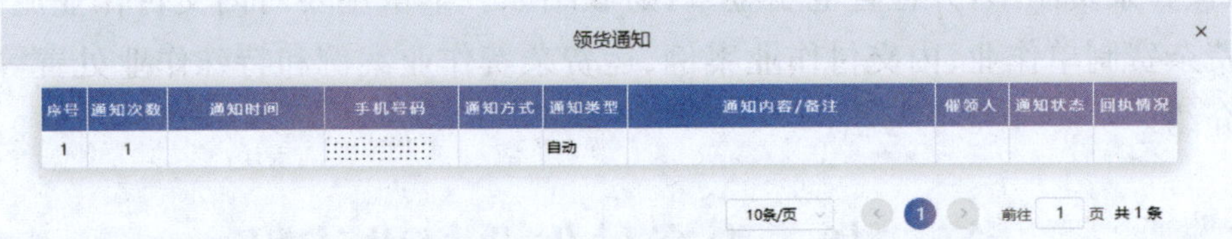

图 4-2　领货通知界面

3. 线下内交付

内交付人员根据外勤作业情况填记相应的记事和费用、95306 系统到达货物运单，确认到达相关信息、记事、费用等内容，在货票系统杂费核收作业功能下填制电子运费杂费收据，完成内交付。

(1)运输杂费核收。使用到达货物运单核收到站装卸费、仓储费、到站取送车费、变更到站补收运费等。

①单票确认。在货票系统选择【杂费核收】—【运输杂费核收】，输入发站、到站，选择制票日期(根据制票日期调整区间)，修改处理状态，点击【查询】，选择需要交付的运单，点击【单票确认】，对货票系统自动接过来的运单到达日期、卸车日期、催领日期、卸车方式、卸车地点、领货信息等进行核对确认，如图 4-3 所示。

②杂费核收。单票确认完成后，跳转进入杂费核收界面，选择正确的付款方式，根据需要补充相关记事，添加增值税信息等其他自由记事，点击【计费】，核对费用无误后点击【保存】，如图 4-4 所示。无费用的即为内交付完毕，有费

用的生成电子运费杂费收据。

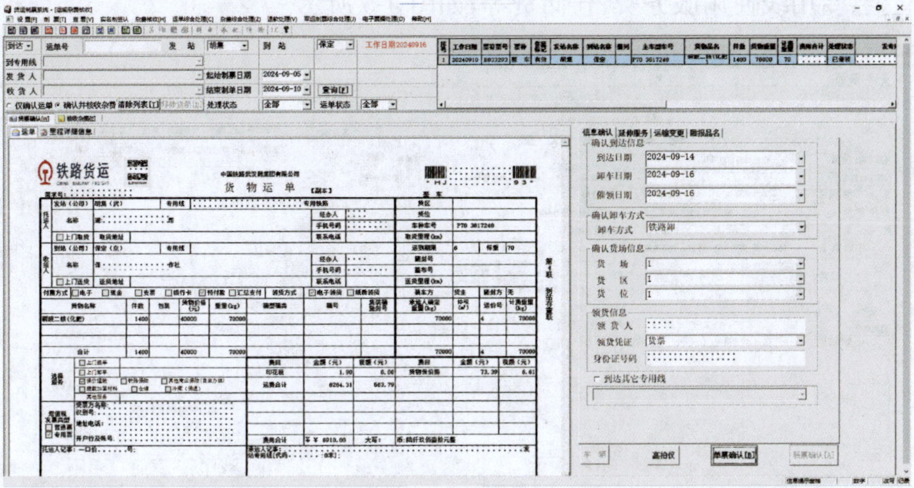

图 4-3　单票确认

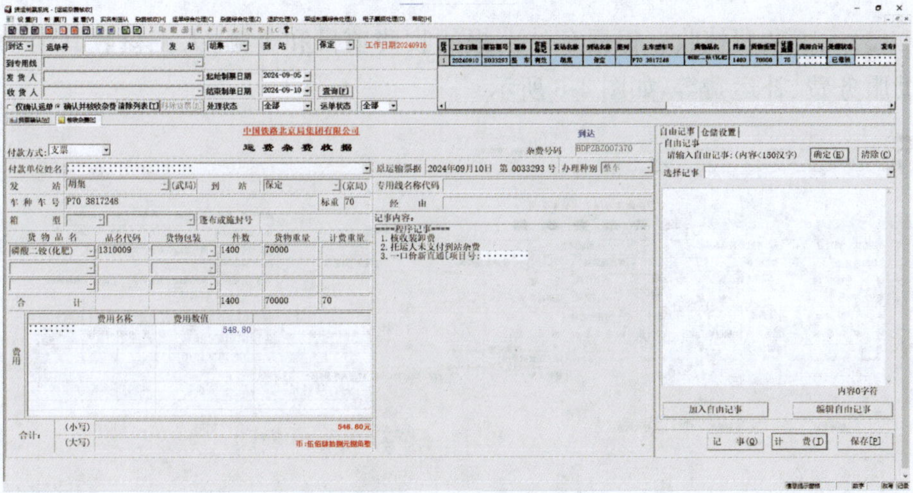

图 4-4　杂费核收

(2)非运输杂费核收。使用作业单据信息采集细目,调取货车电子调送单、集装箱进出门作业单等作业单据,核收货车延期占用费、集装箱延期使用费等;

使用非运输杂费界面中自带的记事项和仓储服务等模块，确定相关参数，核收迟交金、专用线使用服务费、仓储费等，如图 4-5 所示。

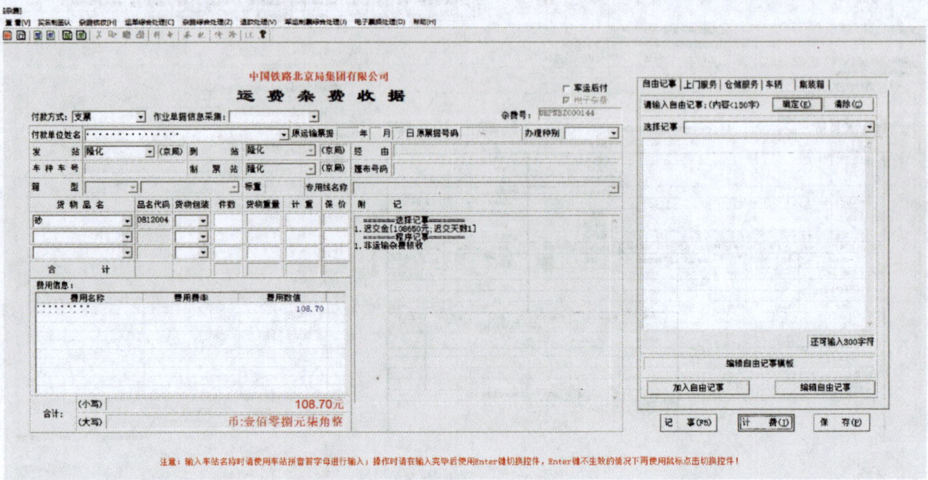

图 4-5　非运输杂费核收

(3)人工杂费核收。根据车站上报的收费项目和金额，人工核收其他物流辅助服务费、补运费等，如图 4-6 所示。

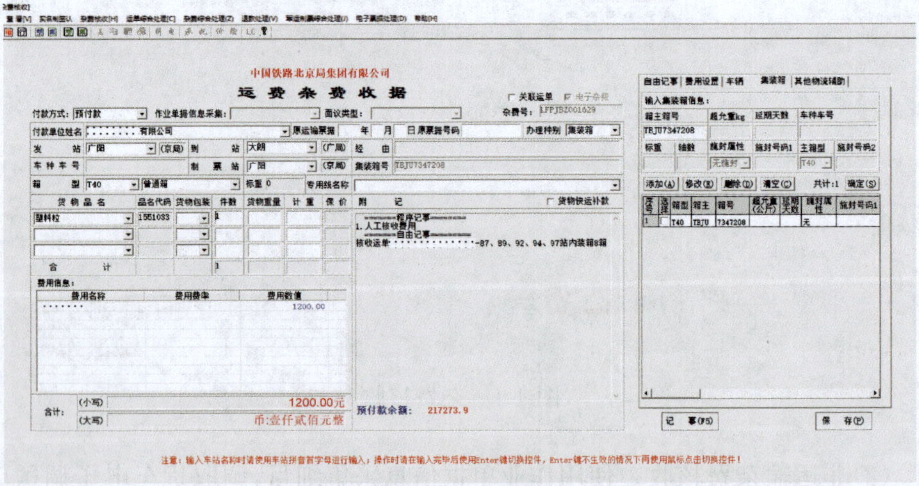

图 4-6　人工杂费核收

4. 线上内交付

(1)预约领货时间。收货人凭领货密码在铁路 95306 预约领货时间。如托运人选择不设置领货密码,已注册的收货人可在铁路 95306 直接预约领货时间,如图 4-7 所示。

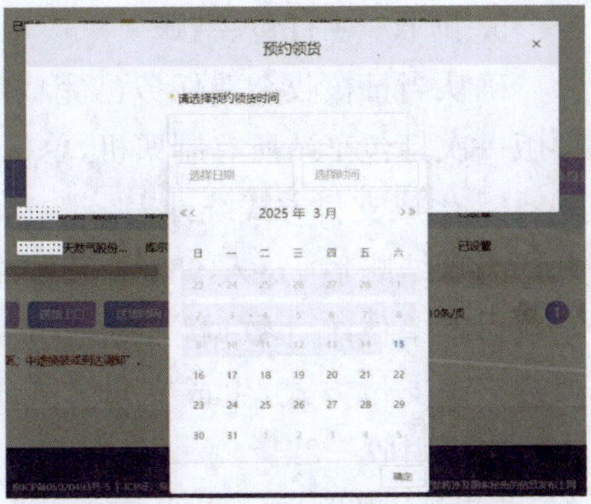

图 4-7　预约领货时间

(2)铁路货场卸车时,铁路 95306 根据收货人填写的预约领货时间计算待缴费用;专用线卸车时,货车送到指定交接地点、路企双方办理入线交接后,铁路 95306 计算待缴费用。

①无待缴费用时,铁路 95306 自动完成内交付。

②有待缴费用时,收货人(或到达专用线产权单位)可通过铁路 95306 进行杂费支付,自助生成电子杂费收据。

(3)确认工作时间。对客户通过铁路 95306 自助办理交付手续的运杂费收据,在货票系统选择【电子票据处理】—【电子杂费支付确认】,选择制票站、制票日期,对需要补填工作日期的杂费进行补填后,完成内交付,如图 4-8 所示。

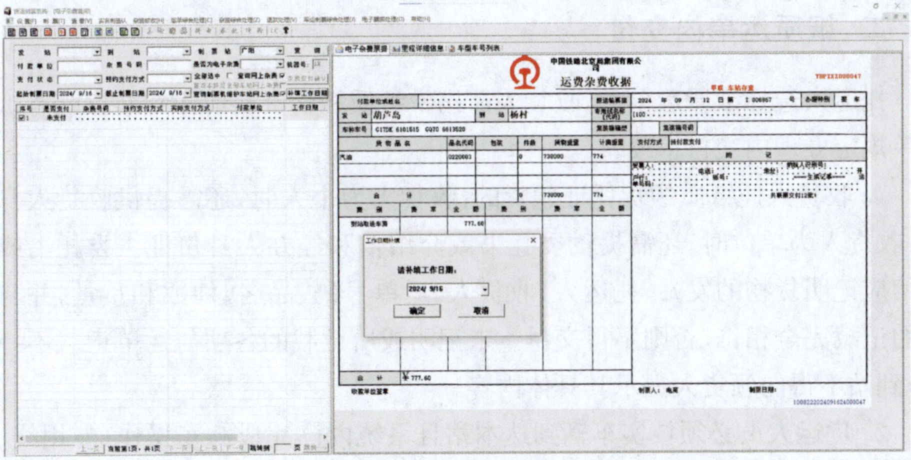

图 4-8　补填工作日期

5. 财收—4 打包、结账

确认当日核收杂费任务已完成后，进行打包操作，如图 4-9 所示。集中制票版一次打包车站所有制票机，单机版需分别打包各制票机。

6. 生成支付方式统计表

当日结账后，导入 95306 系统中的杂费付款单位统计数据，根据业务实际修改正确支付方式，生成支付方式统计表后提报财收—22。

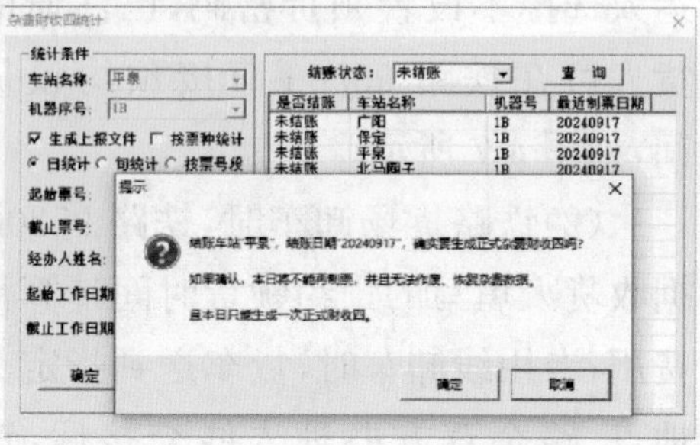

图 4-9　财收—4 打包结账

7. 录入提报“票据进款交接单”

使用本人账号登录收入系统，依次完成同步货票数据、录入到账数据、提报财收—22 操作。

8. 填记交接班登记簿

根据杂费实际使用情况填写交接班登记簿，记录当班线上线下作业单数，分别填写当班汇总票据起号、止号、张数、金额，注意核对财收—4 杂费号码是否衔接；记录当班所遇特殊事项，包括货票系统是否升级（升级后记录版本号，以便接班核对）、点后作业交接及其他事项。

二、纸质运单内交付

托运人选择纸质运单的，收货人需携带纸质领货资料前往到站按既有纸质运单规定办理内交付手续。

1. 收货人凭纸质领货凭证领货的：收货人为个人时，还需提供收货人身份证；收货人为单位时，还需提供委托书或介绍信和经办人身份证。委托书或介绍信应记明货物的发站、托运人、收货人、运单号码、品名、件数和重量，并与运单的记载完全相符，否则不得交付。未记明或所记载的各项与运单记载不一致时，到站不得向领货人提示其具体内容。

2. 货运人员必须核实车辆到达本站且系统内已完成卸车操作（专用线、专用铁路完成路企交接）后，在系统中调取运单信息，核实领货凭证或领货密码、领货人身份等，采集收货人（经办人）身份证及头像影像资料。委托他人领取货物时应同时核实领货凭证或领货密码、收货人身份证复印件、被委托人身份证原件和委托书。核实无误后，通知 95306 货服中心办理内交付手续。

3. 纸质领货凭证未到或丢失时，可凭有经济担保能力的企业出具的担保书，同时按上述要求办理内交付手续。按照《中华人民共和国民法典》的要求，国家机关、以公益为目的的事业单位和社会团体、收货人的分支机构或主管单位不应做经济担保人。

4. 纸质领货凭证上没有发站承运日期戳时，到站不得办理交付手续，并联系发站处理。承运人不受理领货凭证挂失业务，不受理各类抵押形式的交付。

5. 纸质领货凭证与运单到站存查联、变更要求书、调卸作业单、普通记录等合订留存。

三、其他需要核收的杂费

其他需要核收的杂费由货运营业室提供收费信息，报 95306 货服中心进行人工核收。

第二节 特殊作业处置

一、杂费作废

在未打包结账前，发现某张运杂费收据中信息填记错误，比照作废票据处理。票据作废后，货票系统自动对已作废的运费杂费收据进行电子签章。

二、变更到站

在 95306 系统的到达运单中，若出现红色标注的运单并带有“电子变更”标识，如图 4-10 所示，需查看电子变更要求书，明确变更内容。先核算因变更到站产生的运杂费，只涉及补收运费时，正常开具杂费收据，联系客户付款；若需同时办理运费退款和补收到站杂费时，运费退款由到站联系发站进行，正常补收到站杂费。

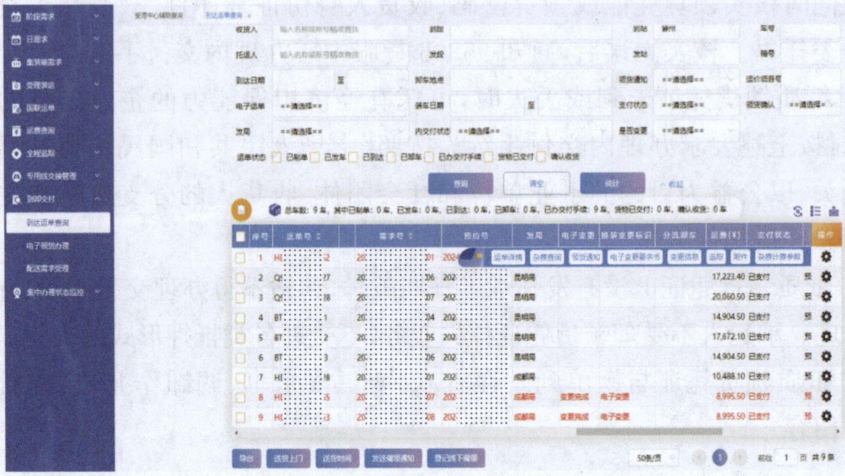

图 4-10　到达运单查询

三、运单未到站

车站通知内交付人员办理交付,但货票系统弹窗提示该运单未到站。首先确认该运单卸车日期,若卸车时间为空,联系车站在货运站系统先完成卸车操作,再做内交付;若已显示卸车时间,查看车辆状态,提示未完成内交付但车已出站的,内交付人员通过货票系统人工核收模块补收应收费用。

第三节　货票 4.0 系统运费杂费制单作业

一、运输杂费制单

点击【杂费】—【运输杂费】,进入运输杂费界面,如图 4-11 所示。

内交付人员根据提供的查询条件(运单号码、发站、到站、卸车日期等),查询需要核收的运单。运单信息以票种、发站、到站、发货人、收货人、货物品名和卸车日期这七个维度进行分组展示,可以通过票据张数字段知道当前维度下的运单数量。点击展开按钮(+),会展示当前维度下的运单卸车信息。选择需要核收的运单后,点击左下角的确认按钮,会弹出到达确认信息弹窗。弹窗中除了预约领货时间是获取的系统默认时间且可以修改的，其余全部为不可修改的信息。

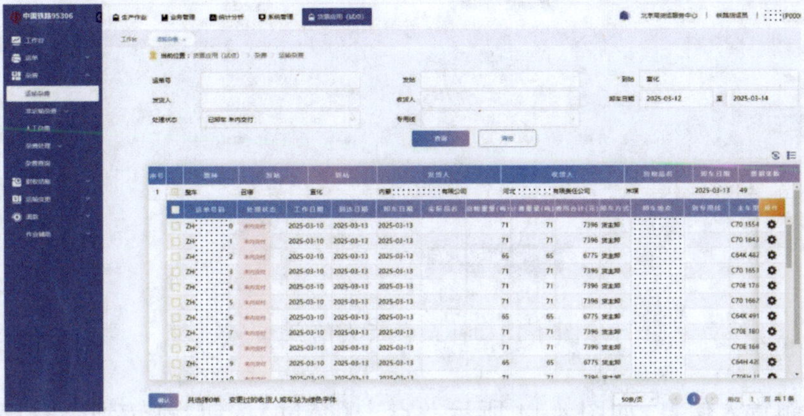

图 4-11　运输杂费界面

1. 没有领货人信息，需要补充领货人信息，如图 4-12 所示。点击【信息补录并交付】按钮，会弹出领货信息补录弹窗，如图 4-13 所示，其中领货人、领货凭证为必填。点击【确认并交付】按钮，跳转到杂费核收界面。

图 4-12　没有领货人信息

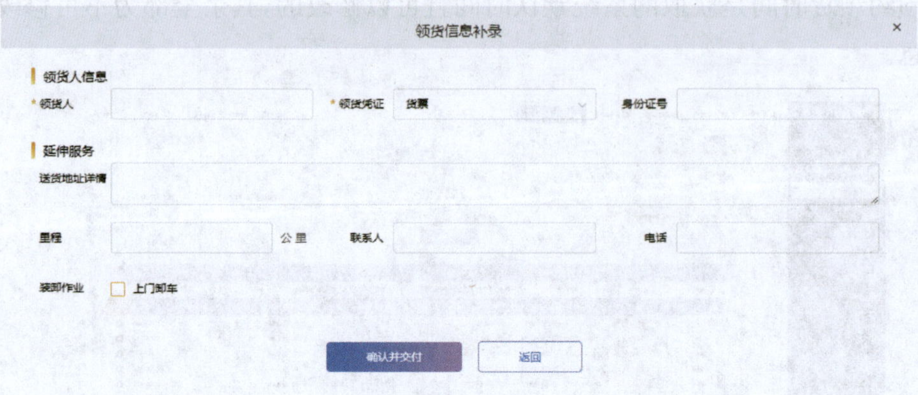

图 4-13　补录领货人信息

2. 有领货人信息，如图 4-14 所示。点击【交付】按钮，跳转到杂费核收界面，如图 4-15 所示。

联票交付时，只展示第一张运单的详细信息。运单信息可以通过左上角的原运单信息按钮进行查看。点击【原运单信息】按钮，会弹出原运单信息弹窗。表格展示了运单的重要信息，详细信息可通过点击右侧操作栏中的详情按钮进行查看，如图 4-16 所示。

图 4-14　到达确认信息界面

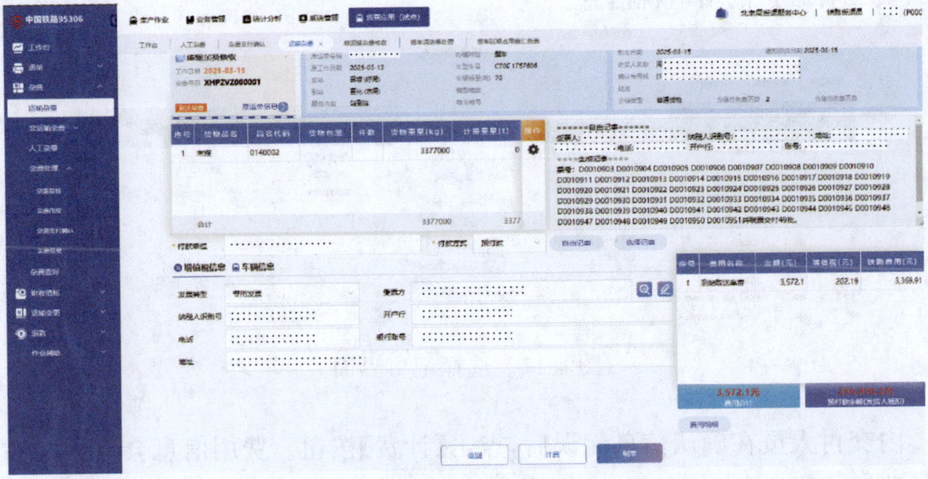

图 4-15 运输杂费核收界面

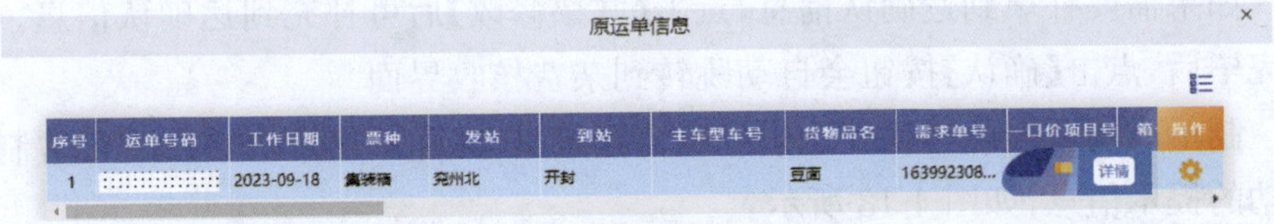

图 4-16 原运单信息查询界面

点击【自由记事】按钮，会弹出自由记事弹窗。内交付人员可以在自由记事下拉框中选择需要添加的自由记事，也可以通过编辑按钮添加新的自由记事模板。选择的自由记事可以通过清除按钮一键清除。

点击【选择记事】按钮，会弹出选择记事弹窗，如图 4-17 所示。可以从常用记事、标准记事、计费记事中选择需要添加的记事信息。其中常用的记事可以在左边表格选中后，点击【加入常用记事】按钮，将其加入常用记事栏中，方便后续制票时使用。左边表格的记事可以通过双击记事或选择记事后点击【添加】按钮加入右侧的已选记事表格中。选择好记事后，点击中间栏的【确定】按钮即可将记事信息带入到杂费核收界面。

增值税信息可以手工填写，也可以点击受票方右侧的【选择增值税信息】按钮来选择需要填写的增值税信息。可选择的增值税信息包括付款单位和内交付人员二者维护的增值税信息。

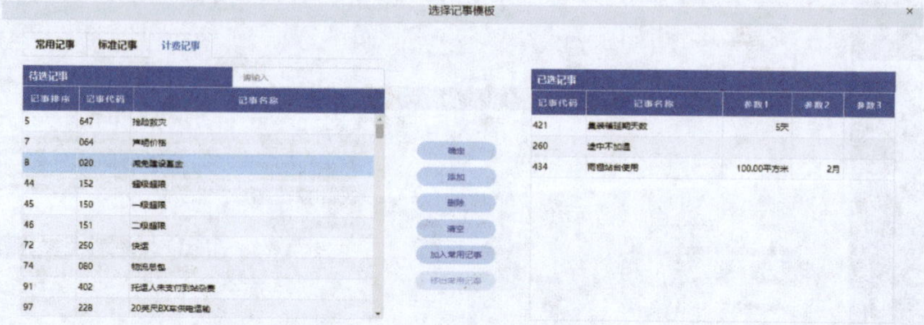

图 4-17　选择记事界面

内交付人员在确认信息无误后，点击【计费】按钮。费用信息会返回在右下角的费用表格里，经过核对后点击【制单】按钮即可完成杂费的制单操作。在修改制单信息后（记事信息、付款单位等），需要重新计费才能进行制单操作。

如果需要补填到达确认信息，点击【联票修改】后可补充到达确认信息。补充完毕后，点击【确认】按钮会自动跳转到杂费核收界面。

制单成功后会跳转到到达信息确认标签页，并弹出信息提示框。正常制单成功的提示信息，如图 4-18 所示。

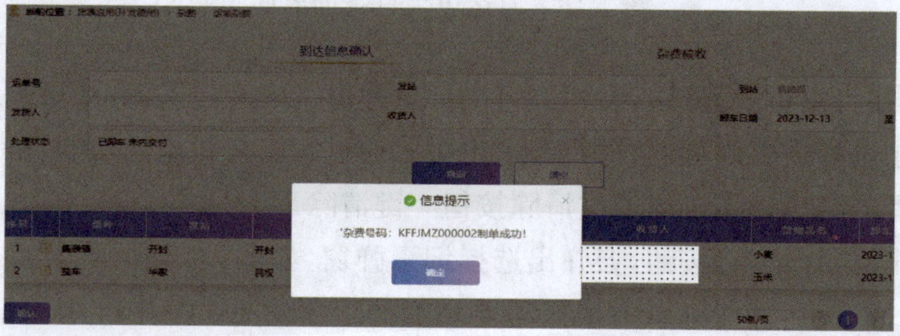

图 4-18　制单成功界面

二、非运输杂费制单

非运输杂费制单根据有无作业单据分为无票杂费制单和根据作业单据杂费制单。

1. 无票杂费制单

根据实际情况选择制票站（获取杂费号码和工作日期）、发/到站、专用线名称、办理种别、付款单位、付款方式，在货物列表根据实际情况添加/删除货物信息，在增值税信息栏录入增值税发票信息，如图 4-19 所示。

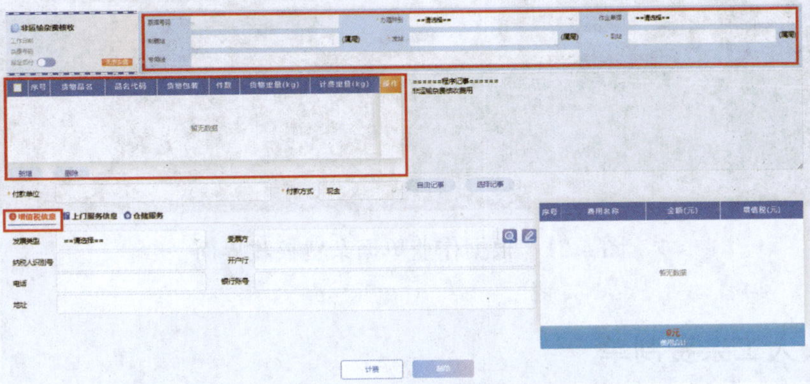

图 4-19　无票杂费核收界面

信息录入完毕，点击【计费】—【确认费用无误】即可制单，如图 4-20 所示。

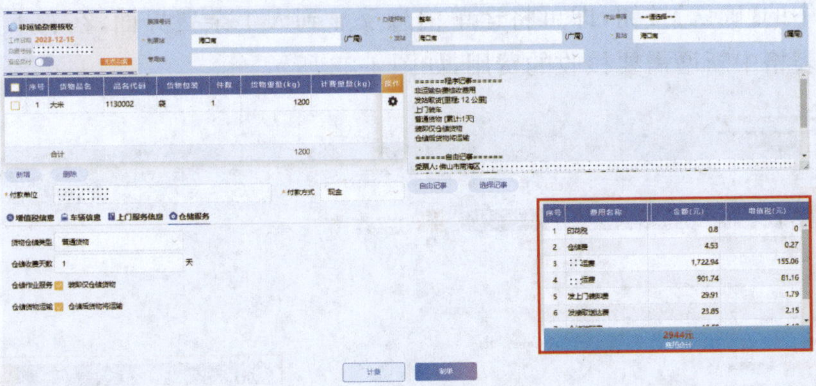

图 4-20　计费制单界面

2. 根据作业单据杂费制单

选择作业单据，根据选择的作业单据进行界面跳转，包括电子货车调送单、集装箱进出门单、篷布交接单，如图 4-21 所示。

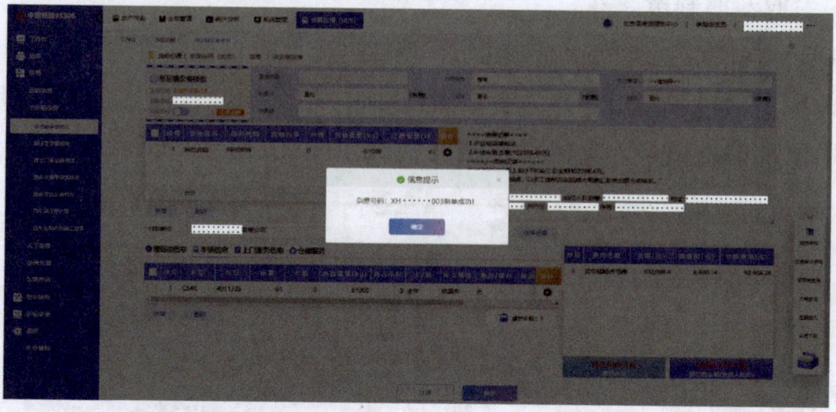

图 4-21　根据作业单据杂费核收界面

三、人工杂费制单

人工杂费核收为内交付人员提供核收其他杂项费用的功能。

根据原票据号查询并返回票据信息。点击原票据号后的详情按钮，会弹出运单信息弹窗。根据查询条件进行运单的查询，并选择需要制单的运单。点击操作栏中的【确认】按钮，即可将运单信息反显到人工杂费界面，在右下角的费用信息表格中新增需要核收的费用，如图 4-22 所示。

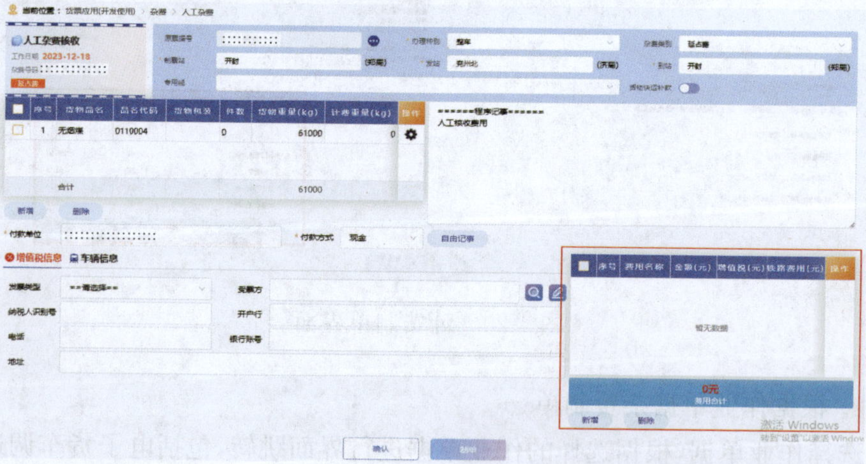

图 4-22　核收费用界面

点击【新增】按钮，会弹出费用明细新增弹窗。选择需要新增的费用和金额，点击【保存】按钮就会将费用信息反显到人工杂费界面，如图 4-23 所示。

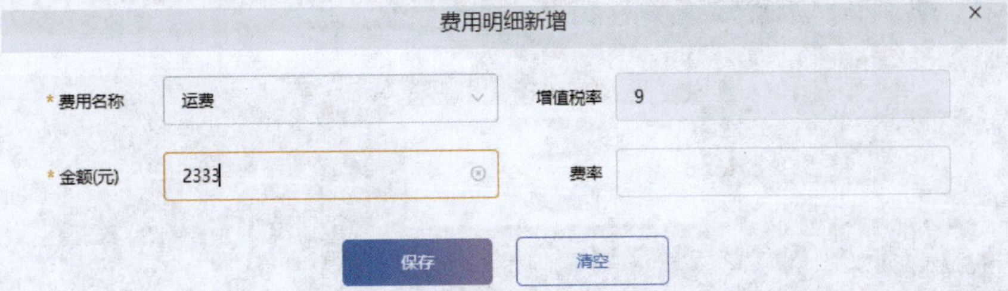

图 4-23　费用明细新增界面

点击【确认】按钮，进行杂费计费操作后才能制单，如图 4-24 所示。

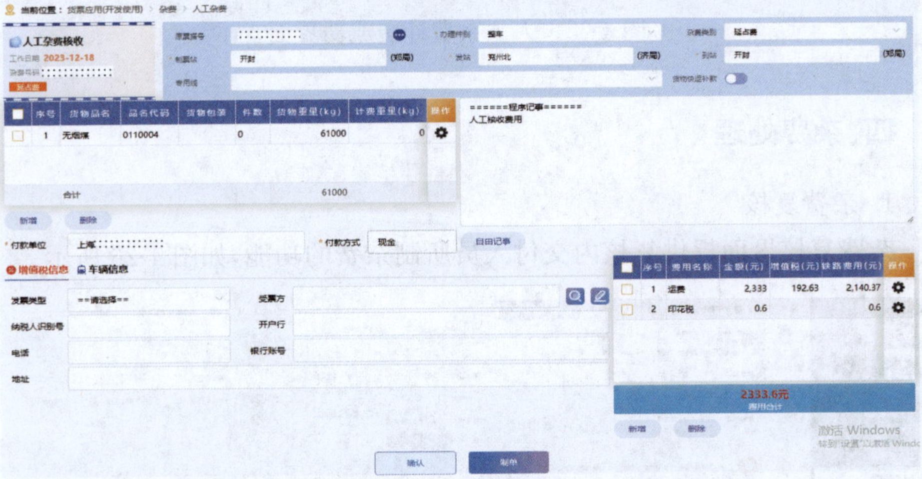

图 4-24　计费界面

计费成功后，解除制单按钮的限制。点击【制单】按钮，即可完成人工杂费的制单操作，如图 4-25 所示。

其中 * 为必填项，其他为选填项。填写完毕，点击【确认】按钮，生成杂费费用信息后即可制单。

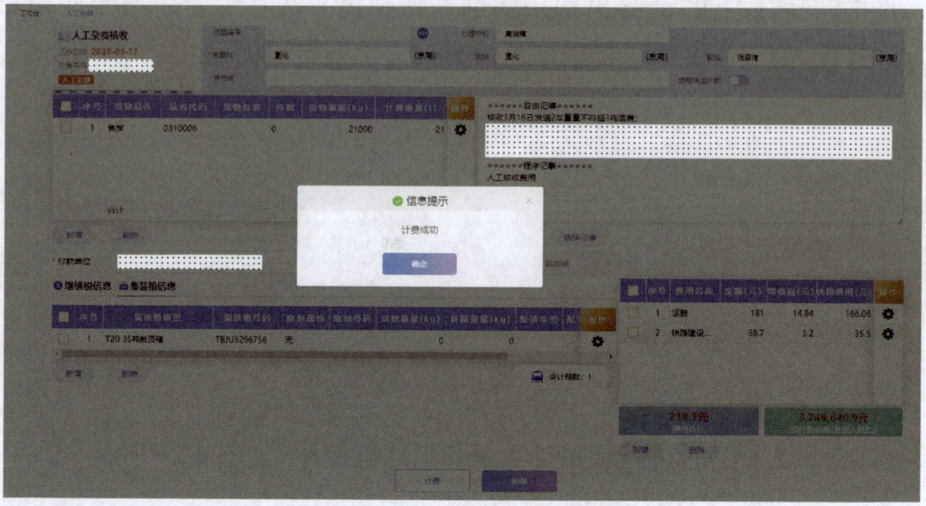

图 4-25　人工杂费计费成功界面

四、杂费处理

1. 杂费复核

杂费复核界面提供复核内交付人员所制杂费的功能，如图 4-26 所示。

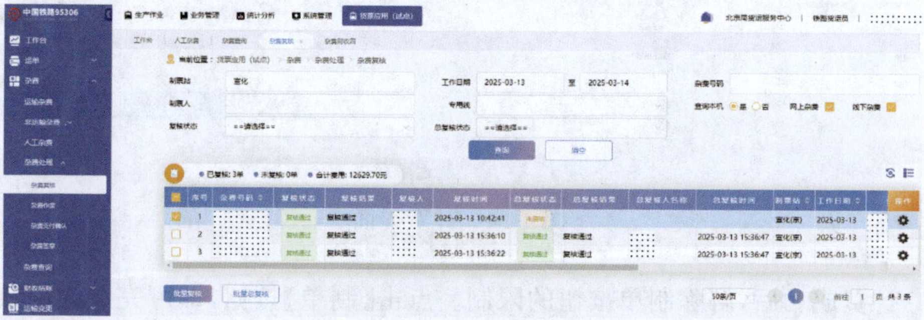

图 4-26　杂费复核界面

内交付人员根据查询条件，查找需要复核的杂费票据。选择需要复核的杂费后，在表格右侧的操作栏中点击【复核】按钮，若杂费信息无误，则点击【复核通过】按钮即可完成复核操作。反之，点击【复核不通过】按钮，会弹出复核未通过原因弹窗，需要填写不通过的原因。填写好原因后，点击【确认】即可完成杂费的复核操作。

2. 杂费作废

杂费作废界面提供作废杂费、查询杂费明细、生成版式文件和打印杂费的功能，如图 4-27 所示。

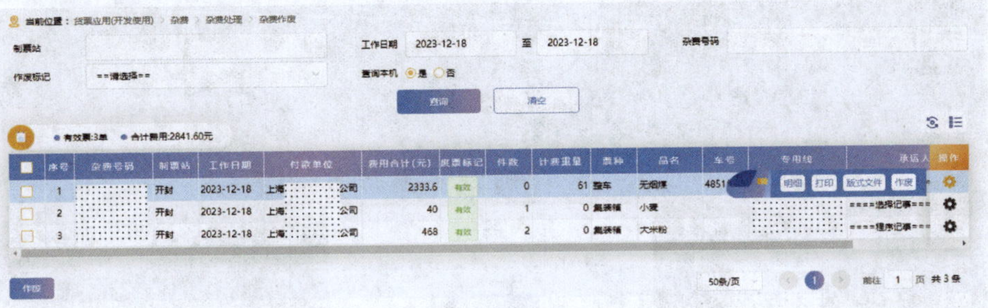

图 4-27　杂费作废界面

内交付人员根据提供的查询条件，查询需要作废的杂费票据。可以在表格右侧操作栏中点击【作废】按钮，作废单个票据。也可以通过表格左侧多选框，选择需要作废的票据，点击左下角的【作废】按钮进行批量作废。

3. 杂费支付确认

内交付人员通过查询条件，查询需要确认的杂费。选择杂费后，点击【支付确认】按钮，选择实际支付方式。如果支付方式与预约支付方式不同，会进行提示。点击【确定】后，完成杂费支付确认，如图 4-28 所示。

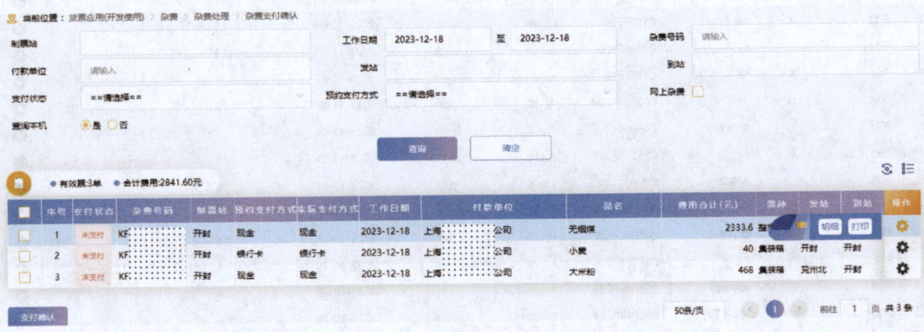

图 4-28　杂费支付确认界面

4. 杂费签章

杂费票据在生成时，会自动进行签章流程。只有在杂费生成版式文件但自动签章失败时，才会在此界面进行手动签章。选择自动签章失败的杂费，点击左下角的【签章】按钮，会弹出提示信息。点击【确定】按钮，即可完成手动签章操作，如图 4-29 所示。

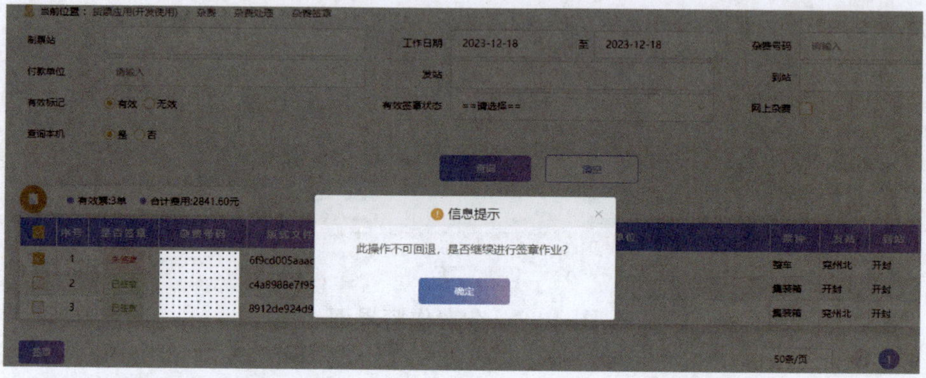

图 4-29　签章界面

5. 杂费查询

内交付人员通过查询条件，查询想要查看的杂费，如图 4-30 所示。

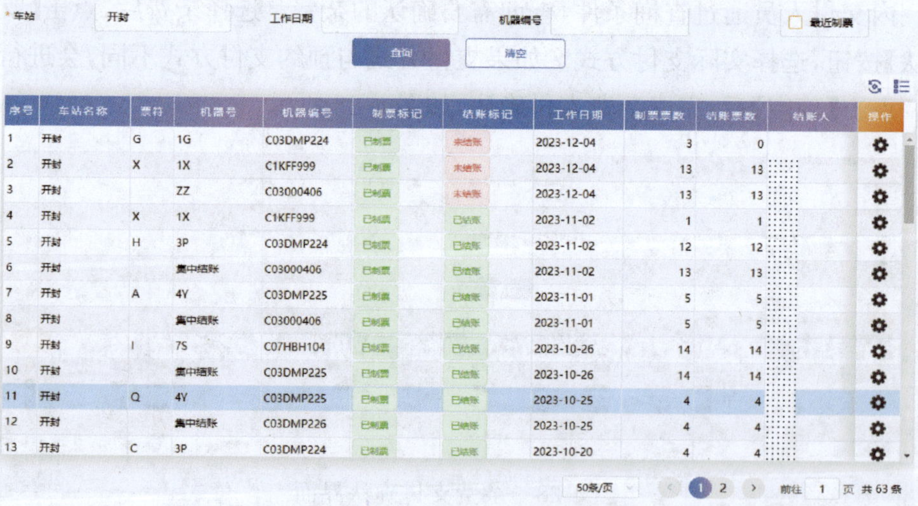

图 4-30　按车站查询界面

五、财收结账

1.【财收结账】—【杂费财收四】功能由查询(或导出)和结账组成,通过勾选【杂费财收打包】按钮实现功能选择,如图 4-31 所示。

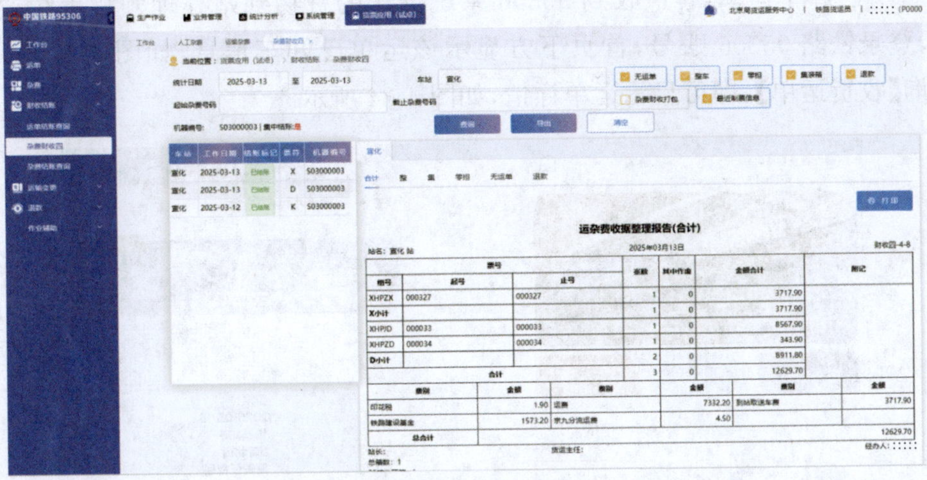

图 4-31　杂费财收—4

2.【财收结账】—【杂费结账查询】,内交付人员通过查询条件,查询想要查看的杂费,如图 4-32 所示。

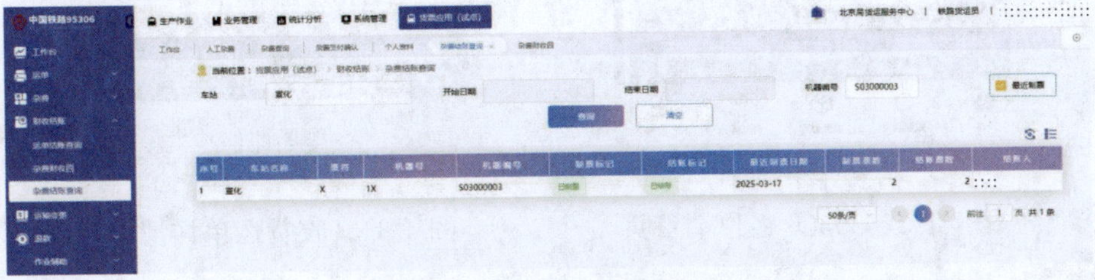

图 4-32　杂费结账查询

第四节　内交付作业案例

例 4-1:线上内交付作业。

1. 已卸车运单:客户收到 95306 系统推送的货物到站办理领货手续通知后,登录铁路 95306 账号,首页下方显示该运单已卸车信息,如图 4-33 所示。查询【收货运单】,即可显示运单详情,如图 4-34 所示。

图 4-33　95306 客户端首页

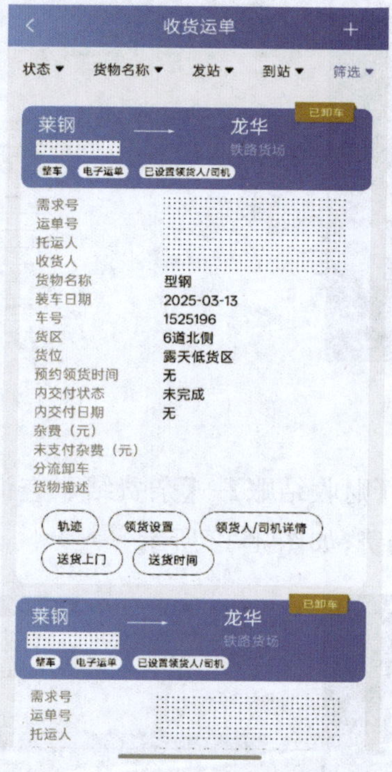

图 4-34　收货运单详情

2. 预约领货时间:点击右上角“加号”,选择【批量杂费支付】可选择多个运单,进行预约领货操作,如图 4-35 所示。

3. 杂费支付:预约领货时间确定后,即可转入杂费支付页面,可查看杂费费目及金额,客户可选择发票类型、受票方、支付方式等,如图 4-36 所示。

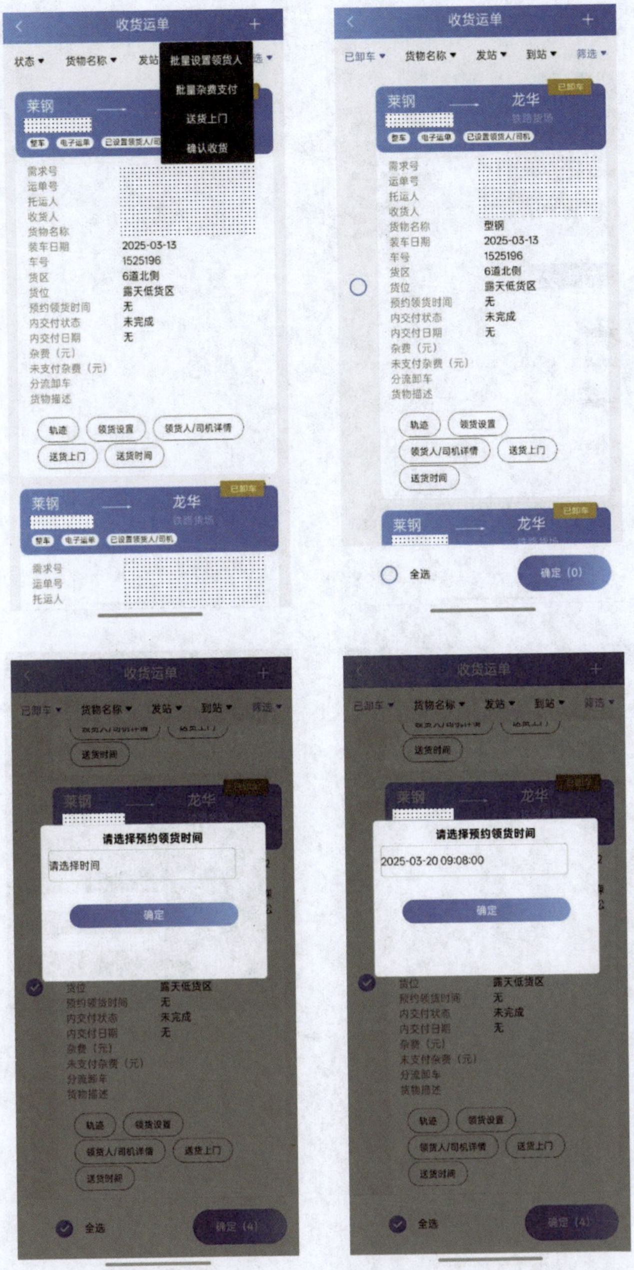

收货运单
状态
货物名称
发站
批量设置领货人
批量杂费支付
送货上门
确认收货
莱钢
整车
电子运单
需求号
运单号
托运人
收货人
货物名称
装车日期
2025-03-13
车号
1525196
货区
6道北侧
货位
露天低货区
预约领货时间
无
内交付状态
未完成
内交付日期
无
杂费（元）
未支付杂费（元）
分流卸车
货物描述
轨迹
领货设置
领货人/司机详情
送货上门
送货时间
已卸车
龙华
已设置领货人/司机
到站
筛选
型钢
全选
确定（0）
请选择预约领货时间
请选择时间
确定
2025-03-20 09:08:00
确定（4）

图 4-35　预约领货时间

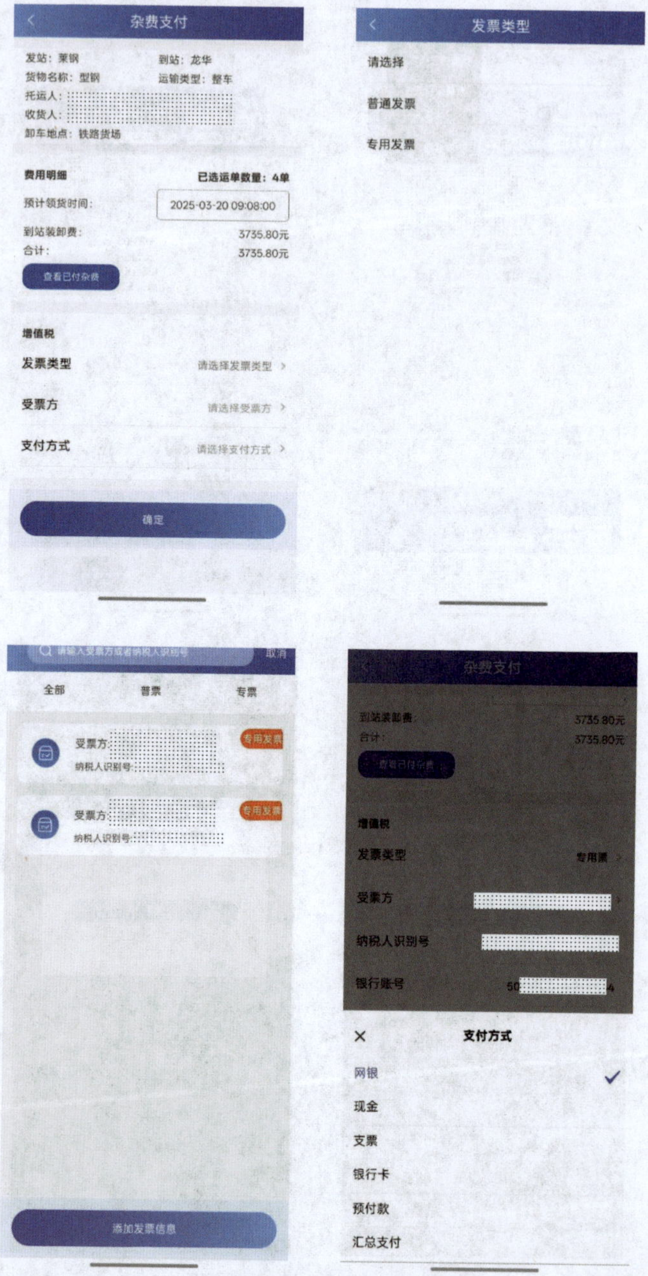
杂费支付
发站：莱钢
到站：龙华
货物名称：型钢
运输类型：整车
托运人：
收货人：
卸车地点：铁路货场
费用明细
已选运单数量：4单
预计领货时间：
2025-03-20 09:08:00
到站装卸费：
3735.80元
合计：
3735.80元
查看已付杂费
增值税
发票类型
请选择发票类型
受票方
请选择受票方
支付方式
请选择支付方式
确定
发票类型
请选择
普通发票
专用发票
全部
普票
专票
受票方：
纳税人识别号：
专用发票
添加发票信息
杂费支付
到站装卸费：
3735.80元
合计：
3735.80元
增值税
发票类型
专用票
受票方
纳税人识别号
银行账号
支付方式
网银
现金
支票
银行卡
预付款
汇总支付

图 4-36　杂费支付

4. 支付确认：客户选择支票支付，如图 4-37 所示。内交付人员核对支付信息，确认工作日期，完成内交付，如图 4-38 所示。

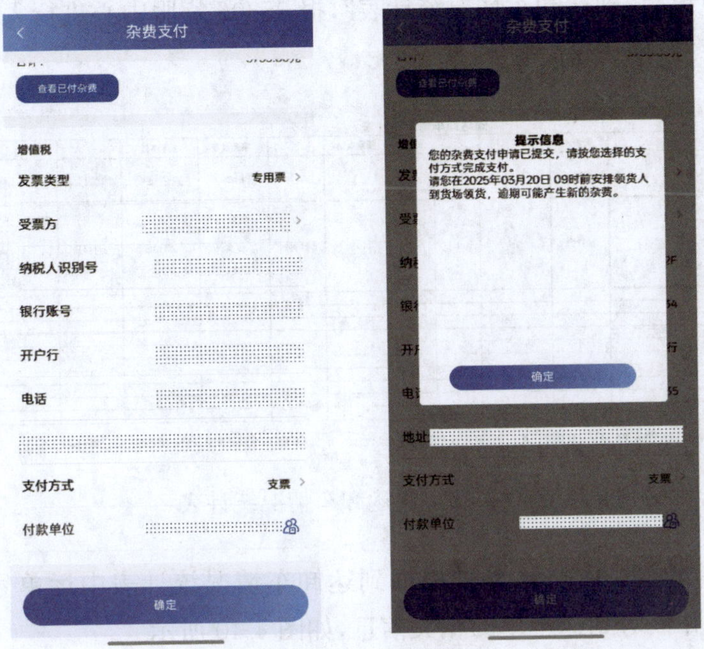

图 4-37　杂费支付确认

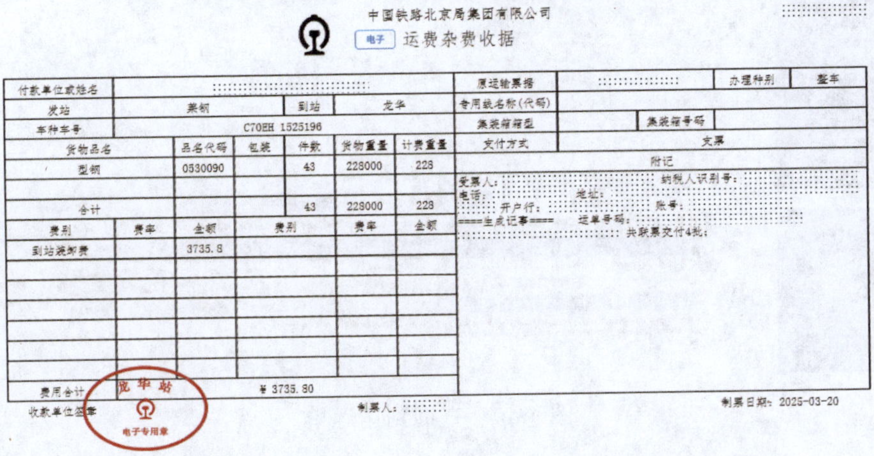

中国铁路北京局集团有限公司

电子 运费杂费收据

付款单位或姓名							原运输票据	
发站	莱钢		到站	龙华			办理种别	整车
车种车号	C70EH 1525196						专用线名称(代码)	
货物品名		品名代码	包装	件数	货物重量	计费重量	集装箱箱型	集装箱号码
型钢		0530090		43	228000	228	支付方式	支票
合计				43	228000	228	附记	
费别	费率	金额	费别		费率	金额		
到站装卸费		3735.8						
费用合计	¥ 3735.80							

附记：受票人：　纳税人识别号：　电话：　地址：　开户行：　账号：　====生成记事====　运单号码：　共联票交付4批；

收款单位签章　龙华站　电子专用章　　制票人：　　制票日期：2025-03-20

图 4-38　完成内交付

例 4-2：线下内交付作业。

1. 某客户的一批货物到达某车站货场完成卸车作业，该车站根据现场实际作业情况填写"到达卸车情况统计表"，报 95306 货服中心进行人工核收到站装卸费，如图 4-39 所示。

到达卸车情况统计表									
	填表人：			联系电话：		报表日期：	3月16日		
收货人名称	到站	发站	车数	运单号	车号	支付方式	到达日期	卸车日期	增值税信息
	大红门	临江	1		3816629	支票	3月13日	3月14日	受票人： 纳税人识别号： 电话： 地址： 开户行： 账号：

说明：各网点按照前1日18：00前卸车数据进行统计，并于当日8:00前上报ftp://:::::::::::::::/上传/02交付理赔室。上传用户名：up，密码：F

图 4-39　到达卸车情况统计表

2. 关联运单。内交付人员根据到达卸车情况统计表中运单号，在 95306 系统中查询并核对到达运单的相关信息，如图 4-40 所示。

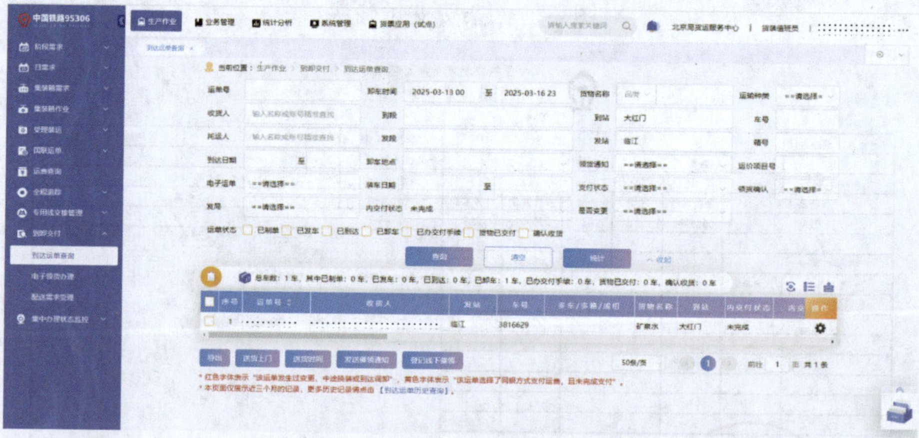

图 4-40　查询到达运单

3. 查询领货人设置。对于在货场卸车的电子运单，在【电子领货办理】中查询领货人设置状态。如未设置领货人，需通知车站或客户设置后方可办理内交付，如图4-41所示。

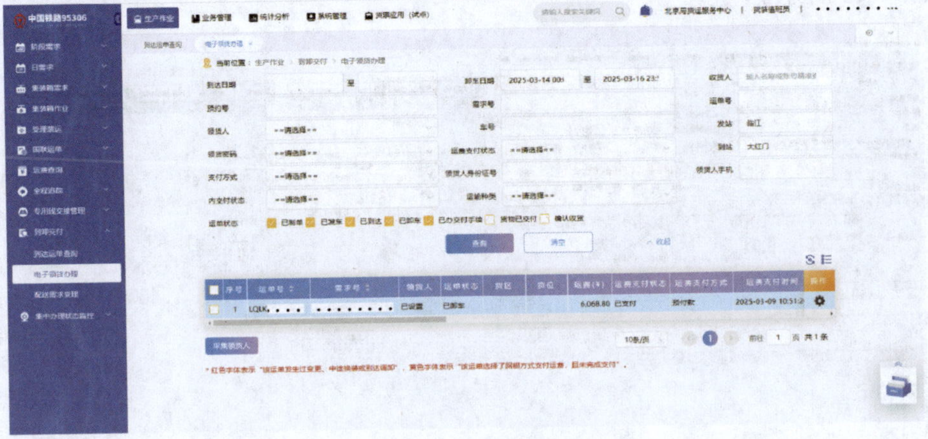

图4-41　查询领货人设置

4. 单票确认。在货票系统选择【杂费核收】—【运输杂费核收】，输入发站临江、到站大红门，选择起始和结束制票日期，点【查询】，通过运单号调取待内交付运单。补充确认到达相关信息、记事、费用等内容，如图4-42所示。

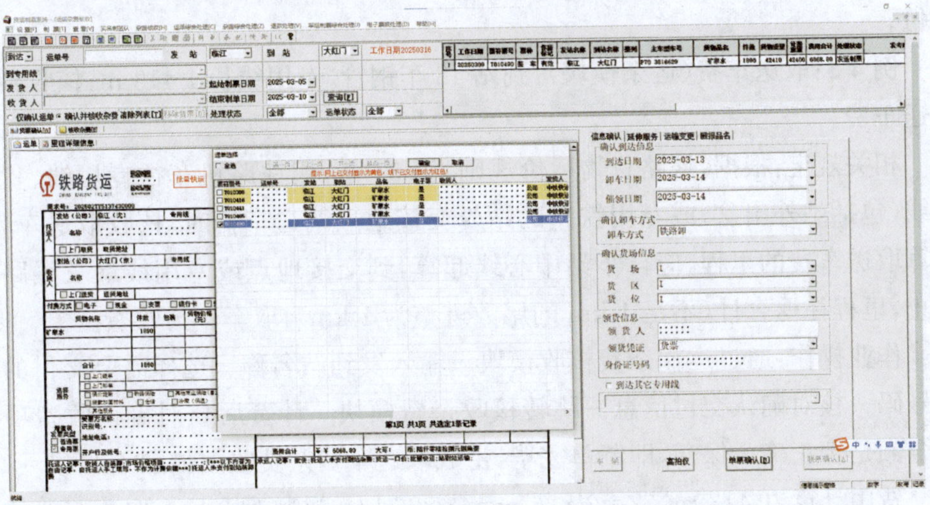

图4-42　货票系统进行单票确认

5. 运杂费核收。单票确认后,跳转进入核收杂费界面,根据车站上传的到达卸车情况统计表中的信息,选择正确的付款方式、添加付款方增值税信息等,如图 4-43 所示。

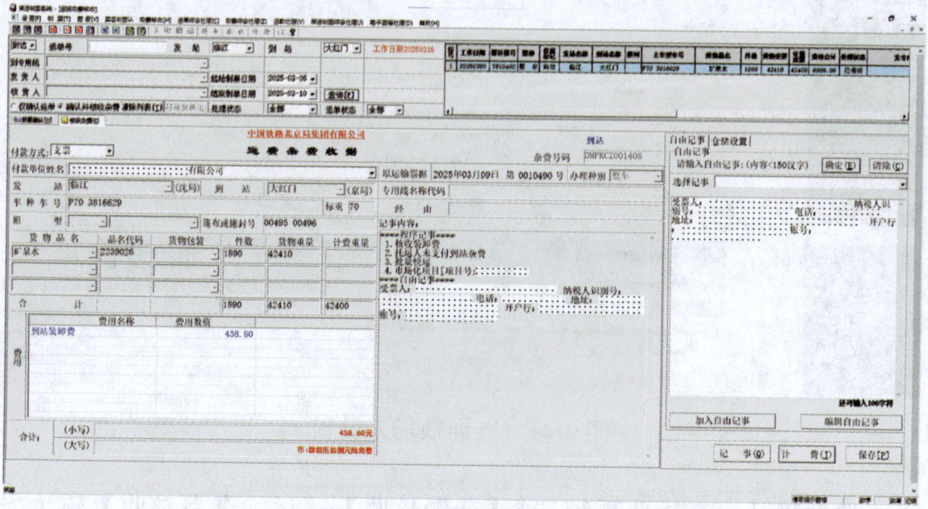

图 4-43　开具运杂费票据

6. 核对计费。确认无误后保存,即生成一张电子运费杂费收据,完成内交付。

例 4-3:取送车费(运杂模块):到站 48 车钢管,专用线长 1 413 m,核收到站取送车费。

相关规定:根据《铁路货物运价规则》第 34 条,用铁路机车往专用线、货物支线(包括站外出岔)或专用铁路的站外交接地点调送车辆时,核收取送车费。计算取送车费的里程,应自车站中心线起算,到交接地点或专用线最长线路终端止,里程往返合计(不足 1 km 的尾数进整为 1 km),取车不另收费。

作业操作:通过运输杂费核收模块—输入发到站名称—选择需要交付的运单号码—核对确认交付信息—跳转核收杂费模块—计费后核对确认收费项目和金额是否正确—保存,即制单完毕,生成取送车费杂费收据如图 4-44 所示。

费用计算:1 413 m×2=2 826 m=2.826 km,进整为 3 km,取送车费的计费里程为 3 km。取送车费=8.10×3×48=1 166.40(元)。

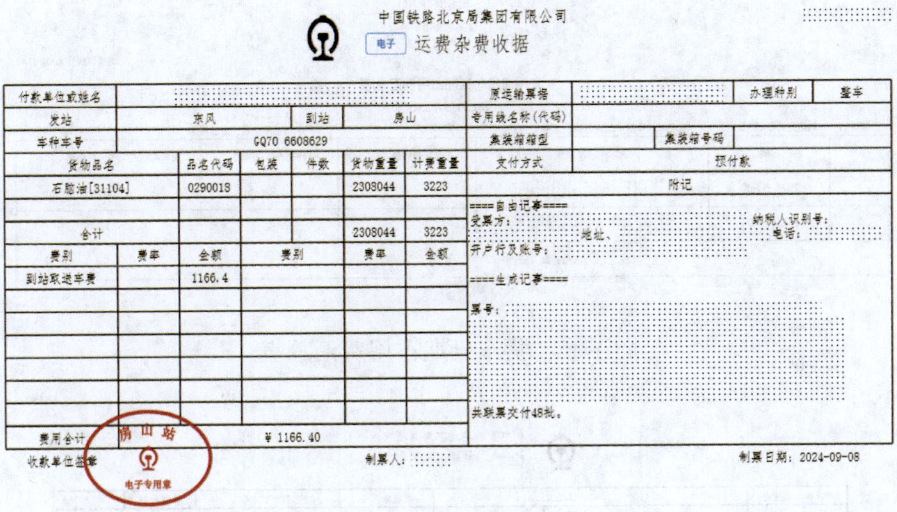
中国铁路北京局集团有限公司
电子 运费杂费收据

付款单位或姓名						原运输票据		办理种别	整车
发站	东风		到站	房山		专用线名称(代码)			
车种车号	GQ70 6608629					集装箱箱型		集装箱号码	
货物品名	品名代码	包装	件数	货物重量	计费重量	支付方式	预付款		
石脑油[31104]	0290018			2308044	3223	附记			
合计				2308044	3223				
费别	费率	金额	费别	费率	金额				
到站取送车费		1166.4							
费用合计	¥ 1166.40								

====自由记事====
受票方： 纳税人识别号：
地址、 电话：
开户行及账号：
====生成记事====
票号：
共联票交付48批。

收款单位签章 房山站 电子专用章
制票人：
制票日期：2024-09-08

图 4-44 取送车费杂费收据

例 4-4:货车延期占用费(非杂模块):某站核收 3 月上旬货车延期占用费。

相关规定:根据国铁集团文件要求①,铁路货车延期占用费是对超过免费占用时间标准额外占用国铁货车所增加成本的补偿。95306 系统根据管控平台传输的货车调送单信息自动计算货车延期占用费。专用线货车延期占用费以旬为计费周期(按自然日),节省与超过免费占用时间标准的时间可互相抵扣,95306 系统根据需要按旬自动生成专用线货车延期占用费汇总表。

作业操作:通过非运输杂费核收模块—作业单据信息采集—货车延期占用费汇总表—输入制票站—查询—选择货车延期占用费汇总表(图 4-45)—提交—选择付款方式—添加增值税信息等自由记事—计费后核对确认收费项目和金额是否正确—保存,即制单完毕,生成货车延期占用费杂费收据如图 4-46 所示。

费用计算:两批调送单,第一批 4 车,每车 6 h,合计 136.8 元;第二批 2 车,每车－1 h,合计－11.4 元。两批互抵后核收货车延期占用费 125.4 元。

① 根据《国铁集团货运部关于优化货车延期占用费有关事项的通知》(货价函〔2024〕73 号)。

汇总表预览

编号：LMPX0026746

专用线货车延期占用费汇总表

（2025年03月上旬）

接轨站：临洺关　专用线（专用铁路）名称：邯郸[redacted]　专用线（专用铁路）企业名称：[redacted]

序号	日期	货车调送单编号	货车交接数量（辆）	计费时间（小时）	货车延期占用费计费金额（元）
1	2025-03-08	[redacted]	4	24	136.8
2	2025-03-07	[redacted]	2	-2	-11.4
应付金额（元）					125.4

返回

图 4-45　货车延期占用费汇总表

中国铁路北京局集团有限公司

电子　运费杂费收据

LM[redacted]

付款单位或姓名	[redacted]					原运输票据	[redacted]	办理种别
发站	临洺关	到站	临洺关			专用线名称（代码）		
车种车号						集装箱箱型		集装箱号码
货物品名	品名代码	包装	件数	货物重量	计费重量	支付方式	转账	
其他货物	9990999			0	0	附记		
合计								
费别	费率	金额	费别	费率	金额			
货车延期占用费		125.4						
费用合计		¥125.40						

附记：

=======程序记事=======

1.非运输杂费核收

=======自由记事=======

核收2025年3月上旬计2单6车汇总金额125.4元。

收款单位签章　临洺关站　电子专用章　　制票人：[redacted]　　制票日期：2025-03-13

图 4-46　货车延期占用费杂费收据

例 4-5：接取送达费（人工模块）：20 英尺集装箱 96 箱，取货里程 70 km，核收接取送达费。

相关规定：根据国铁集团文件要求①，对货物从托运人约定交货地点至铁路车站公共装卸场所或货物从铁路车站公共装卸场所至收货人约定接货地点的短途“门到站”“门到门”“站到门”运输，核收接取送达费。每单位重量货物接取送达费＝每单位重量货物起码里程费率＋（计费里程－起码里程）×超过起码里程后每公里费率。接取送达费计费里程：起码里程 10 km，之后里程按 0、5

① 根据《关于调整部分铁路货运杂费有关事项的通知》（铁总货〔2019〕46 号）。

取整，1、2 去，8、9 进，3、7、4、6 作 5。

作业操作：通过人工杂费核收模块—关联原运单—输入费目及金额—记事栏内注明增值税受票方信息—计费后核对确认收费项目和金额是否正确—保存，即制单完毕，生成接取送达费杂费收据如图 4-47 所示。

费用计算：20 英尺箱 10 km 费率为 300 元/箱，超过 10 km 后每公里 20 元/箱。70 km 的接取送达费＝20×60＋300＝1 500（元/箱），96 箱共 1 500×96＝144 000（元）。

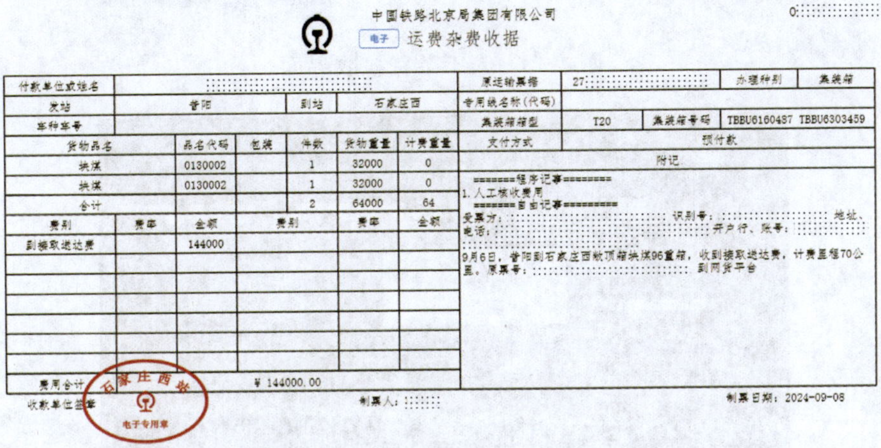

中国铁路北京局集团有限公司
0
电子 运费杂费收据

付款单位或姓名						原运输票据	27	办理种别	集装箱
发站	晋阳		到站	石家庄西		专用线名称(代码)			
车种车号						集装箱箱型	T20	集装箱号码	TBBU6160487 TBBU6303459
货物品名	品名代码	包装	件数	货物重量	计费重量	支付方式	预付款		
块煤	0130002		1	32000	0	附记			
块煤	0130002		1	32000	0				
合计			2	64000	64				
费别	费率	金额	费别	费率	金额				
到接取送达费		144000							
费用合计	¥ 144000.00								

附记：
=======程序记事========
1. 人工核收费用
=======自由记事=========
受票方： 识别号： 地址、电话： 开户行、账号：
9月6日，晋阳到石家庄西敞顶箱块煤96重箱，收到接取送达费，计费里程70公里。原票号： 到网货平台

收款单位签章 制票人： 制票日期：2024-09-08

图 4-47 接取送达费杂费收据

例 4-6：4.0 系统线上交付作业。

1. 核收准备。内交付人员根据车站上传的“到达卸车情况统计表”，人工核收客户超吨应补运费。点击【杂费】—【人工杂费】，进入人工杂费核收界面，如图 4-48 所示。

2. 票据信息确认。内交付人员填写票据信息，制票站、发到站、付款单位、付款方式、费用为必填，当选择办理种别时，对应的标签页为必填（整车或集装箱），其他为选填。填写完票据信息后，点击计费，如图 4-49 所示。

3. 制单。核对票面信息无误后，点击制单，完成杂费核收，如图 4-50 所示。

4. 复核、财收—4 结账。选择需要复核的杂费进行复核，确认当日核收杂费任务已完成后，进行打包操作。

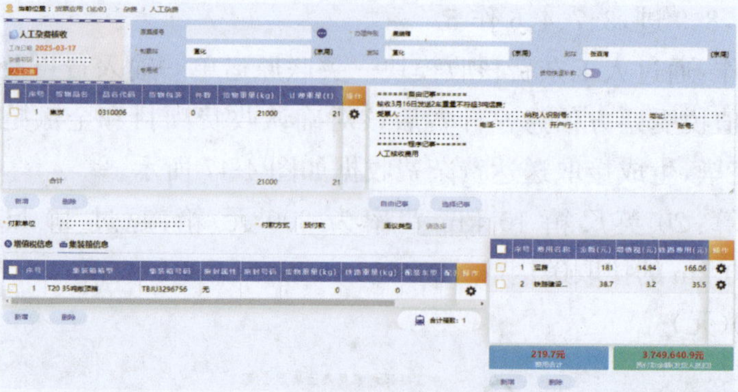

图 4-48　人工杂费核收界面

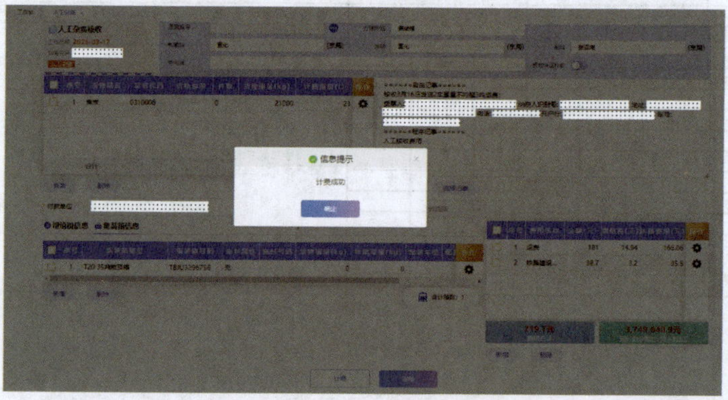

图 4-49　计费成功

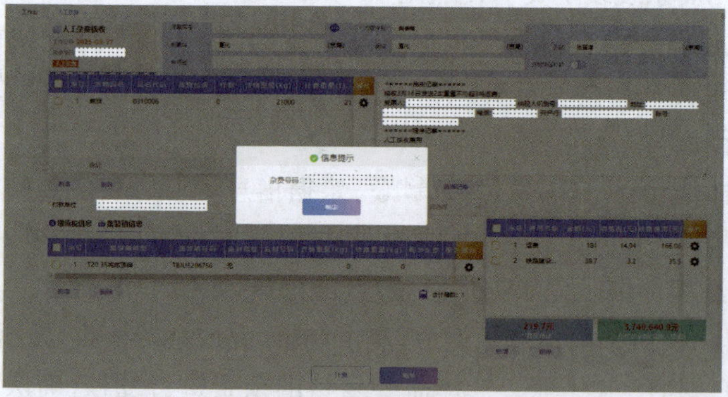

图 4-50　生成杂费号码

第五章

增值税发票作业

第一节 增值税发票简介

增值税发票是增值税一般纳税人销售货物或提供应税劳务开具的发票，是购买方支付增值税额并可按照增值税有关规定据以抵扣增值税进项税额的凭证，包括电子发票和纸质发票。铁路货物运输暂未实施电子发票，本章主要介绍纸质增值税发票的领用、开具及保管。电子发票实施后，按照新的作业流程办理。

一、增值税发票分类

增值税发票分为增值税普通发票和增值税专用发票，客户在提报运输需求或办理交付手续时选择需要开具的发票类型。

1. 增值税普通发票。购销双方收付款及做账业务凭证，包括发票联和记账联两个联次，除特定情况外，一般不作抵扣使用。

2. 增值税专用发票。不仅是购销双方收付款及做账业务凭证，还可用作购买方扣除增值税的凭证，包括发票联、抵扣联和记账联三个联次。

二、增值税发票基本内容

增值税发票包括发票的名称、发票代码和号码、联次及用途、客户名称、开户银行及账号、商品名称或经营项目、计量单位、数量、单价、大小写金额、税率（征收率）、税额、开票人、开票日期、开票单位（个人）名称（章）等。

第二节　增值税发票领发

一、增值税发票领购

1. 上报发票申领计划。运输企业财务部门结合开票点数量、规模、客户及运输票据数量等生产经营实际情况，向主管税务机关申请增值税发票的领购数量。

2. 领购增值税发票。运输企业财务部门经办人员凭报税盘（卡）、本人身份证明（居民身份证、护照或其他能证明经办人身份的证件）和发票专用章（在其开具纸质发票时加盖的有其名称、统一社会信用代码或纳税人识别号、发票专用章字样的印章）到主管税务机关领购增值税发票。

二、开票点增值税发票领取

1. 增值税发票配发。财务部门经办人员根据开票点申领计划，通过税控服务器管理系统（简称税控系统）将增值税发票电子信息分配至各开票点。

2. 纸质增值税发票的领取。开票点通过双人双岗领取纸质增值税发票，并做好发票交接登记，严禁邮寄空白增值税发票，保证增值税发票安全。

3. 超计划申领发票。各开票点需追加领用发票时，应及时报财务部门，由财务部门向税务部门及时申请领购。

第三节　增值税发票开具

一、增值税发票开具条件

1. 提供受票方信息。客户办理货物发送业务时，在 95306 平台运输需求提报界面，根据自身需求，选择增值税发票类型，注明实际受票方单位名称、纳税登记号等受票方相关信息，办理货物交付手续或其他服务发生的杂费，客户需要开具发票的，也应提供受票方相关信息。

2. 客户首次开具增值税发票，需要向开票点提供以下资料：

(1)营业执照复印件。

(2)税务登记证复印件。

(3)组织机构代码证复印件。

(4)开票信息。

如果客户为三证合一的企业，客户只需提供营业执照复印件与开票信息，以上资料均需加盖公章。

3. 客户可以持货物运单或运费杂费收据相应联次到开票点换开增值税发票，也可以通过申报"开票申请表"或在 95306 平台提出开票申请，由开票人员开具增值税发票。

二、增值税发票开具方式

1. 直接换取发票

(1)客户持纸质货物运单或运费杂费收据相应联次直接到开票点换开增值税发票。

(2)开票人员根据客户递交的纸质运输票据，在税控系统中录入货物运单或运费杂费收据号码，调取信息，核对一致后，进一步核对客户税务登记证(复印件)单位名称、纳税登记号等有关信息，通过税控系统开具增值税发票。

(3)税控系统打印出的增值税发票，经复核无误后，与客户办理交接手续，发票联和抵扣联交客户，记账联留存。已换票的货物运单或运费杂费收据由开票人员收回，并加盖"已开具发票"戳记，一并附在所开发票记账联后，作为备查和后续稽核依据。

2. 传递申请表开票

(1)开票人员根据客户提供的"开票申请表"开具增值税发票。

(2)开票前，先审核开票金额、运单号码、运费杂费号码是否正确，受票方是否涉及第三方，有问题及时和客户沟通，发现错误需客户重新提报申请表。

(3)开票时，发现票据记载的受票方信息与客户提报的开票信息不一致时，联系客户确定正确的受票方信息。如客户更改受票方信息，需出具加盖公章的纸质证明。

(4)开票人员将已开发票做好登记，根据客户提供的收件信息，按日通过快递统一邮寄。

3. 95306 平台申请开票

(1)开票人员在 95306 平台查询客户提出的货物运单或运费杂费收据开票申请，导出开票信息，开具增值税发票。

(2)开票人员将已开发票做好登记，根据客户提供的收件信息，按日通过快递统一邮寄。

(3)95306 平台提供的开票申请暂不支持更改受票方信息。

三、增值税发票作业流程

1. 开具增值税发票

(1)登录税控系统，选择【铁路发票开具】—【正数发票开具】，选择票据类型，在票据号码栏录入货物运单或运费杂费收据起止号码，勾选需开票的货物运单或运费杂费收据，点击【合并】，检查合计金额与需开具票据金额是否相符，如图 5-1 所示。

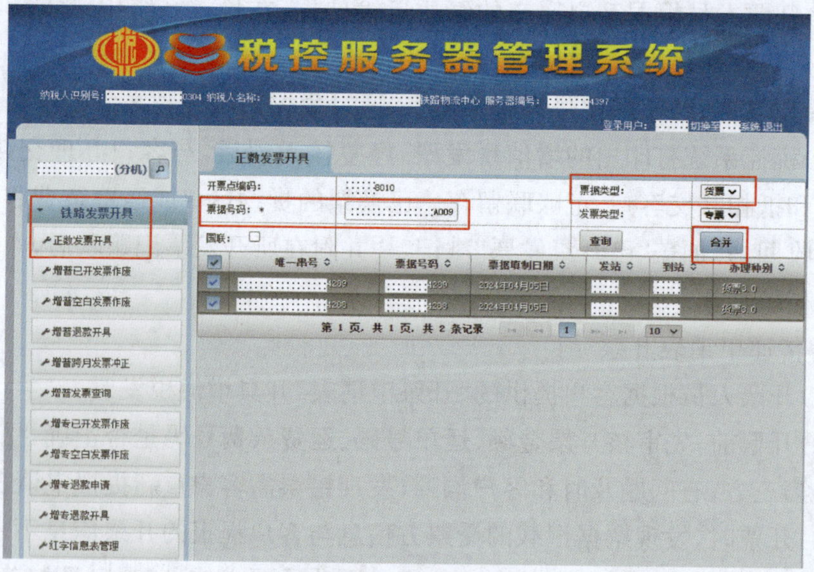

图 5-1　选择开票信息

(2)进入开票界面,填写受票方信息和开票人、复核人姓名,其余信息均由系统自动生成,如图 5-2 所示。

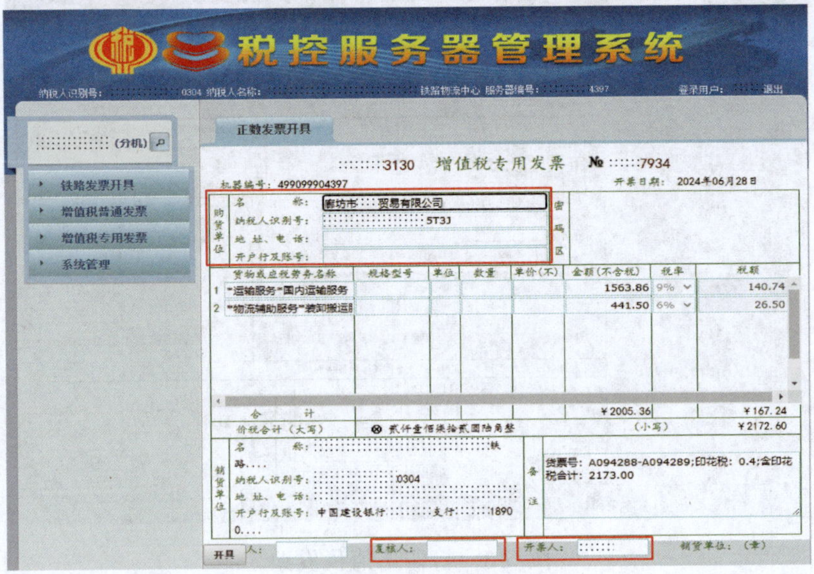

图 5-2　开具增值税发票

(3)核对增值税票号、金额,填写“收款人”“复核人”,点击【开具】,生成密码区,点击【直接打印】,打印纸质发票,如图 5-3 所示。打印机按实际情况设置打印参数,打印需清晰完整,不可压线。

2. 作废增值税发票

(1)登录税控系统,选择【铁路发票开具】—【增专已开发票作废】,填写发票代码,在发票号码栏输入发票号码,点击【查询】,选择需作废的已开增值税发票,如图 5-4 所示。

(2)勾选需作废的发票信息,点击【批量作废】,该张发票作废完成。再次点击【增专已开发票作废】,在发票代码栏输入发票代码进行人工核对,点击【查询】后显示“无数据”,表示该张发票作废成功,如图 5-5 所示。

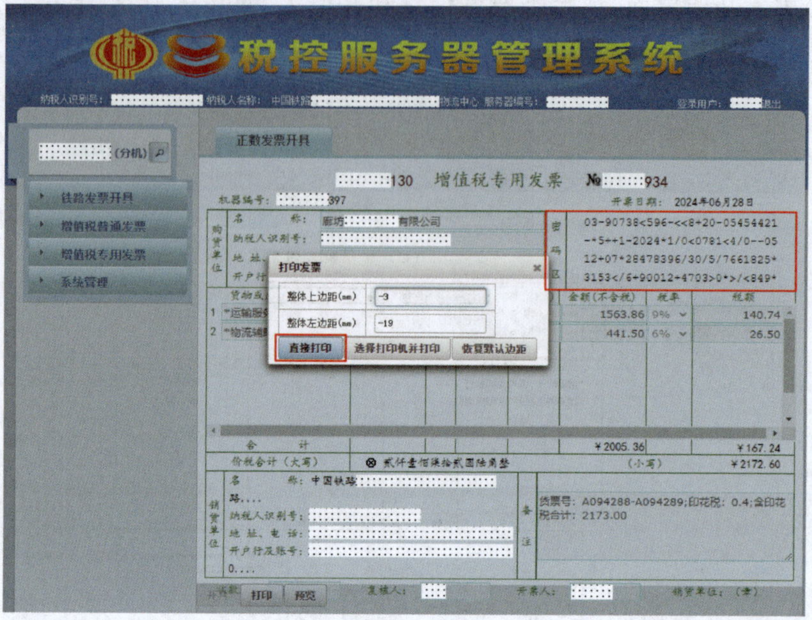

图 5-3　打印增值税发票

图 5-4　作废增值税发票

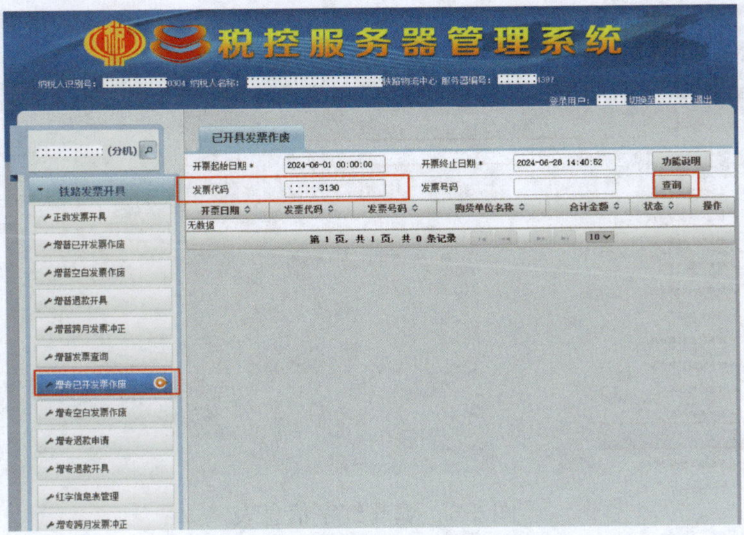

图 5-5　作废增值税发票查询

(3)注意事项。

①收到退回的发票联、抵扣联时间需未超过开票当月。

②开票方需未抵扣税并且未记账。

③受票方需未认证或者认证结果为“纳税人识别号认证不符”“专用发票代码、号码认证不符”。

④增值税专用发票在税控系统中作废成功后，需要在纸质专用发票各联次加盖“作废”戳记(不得打叉划线)，全联次留存。

3. 增值税发票冲正

(1)开具红字信息表

①登录税控系统，选择【铁路发票开具】—【红字信息表管理】，选择对应制单时间后，点击【填开】，如图 5-6 所示。

②输入对应的发票代码、发票号码，点击【下一步】，如图 5-7 所示。

③弹出开具界面，核对信息无误后，点击【保存】—【上传】—【打印】，红字信息表开具完成，如图 5-8 所示。

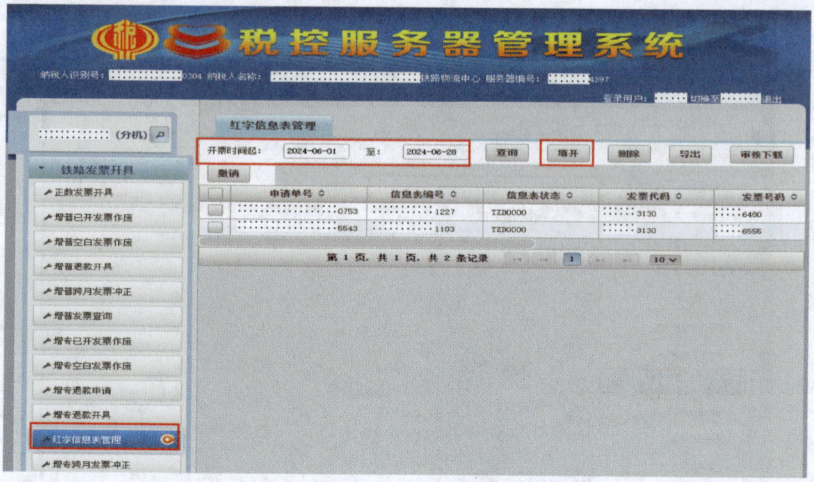

图 5-6 填开红字信息表

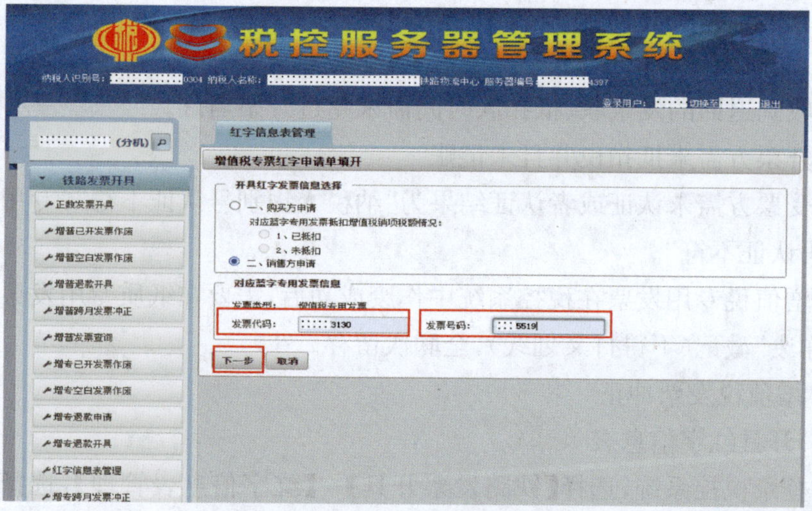

图 5-7 查询红字申请表

(2)跨月发票冲正

①登录税控系统，选择【铁路发票开具】—【增专跨月发票冲正】，填写信息表编号、发票代码、发票号码，点击【下一步】，开具红字发票，如图 5-9 所示。

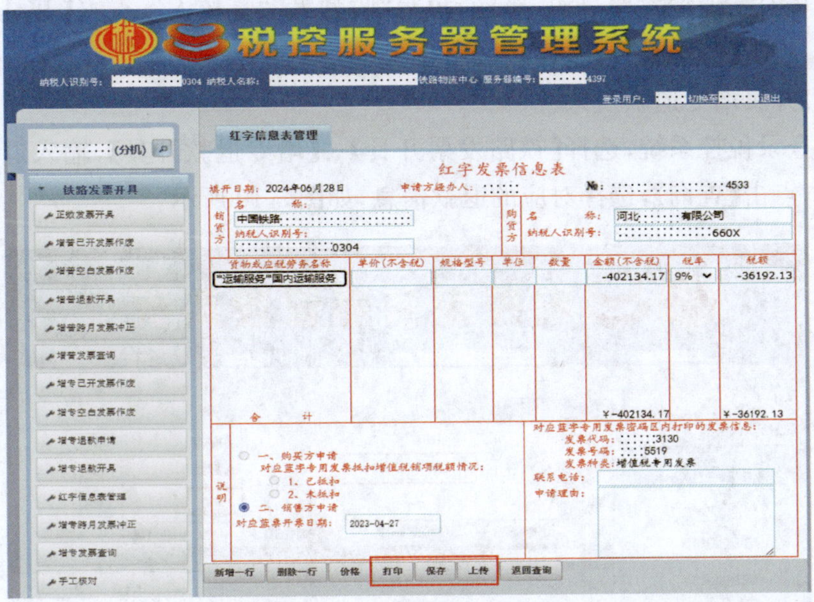

图 5-8　开具红字信息表

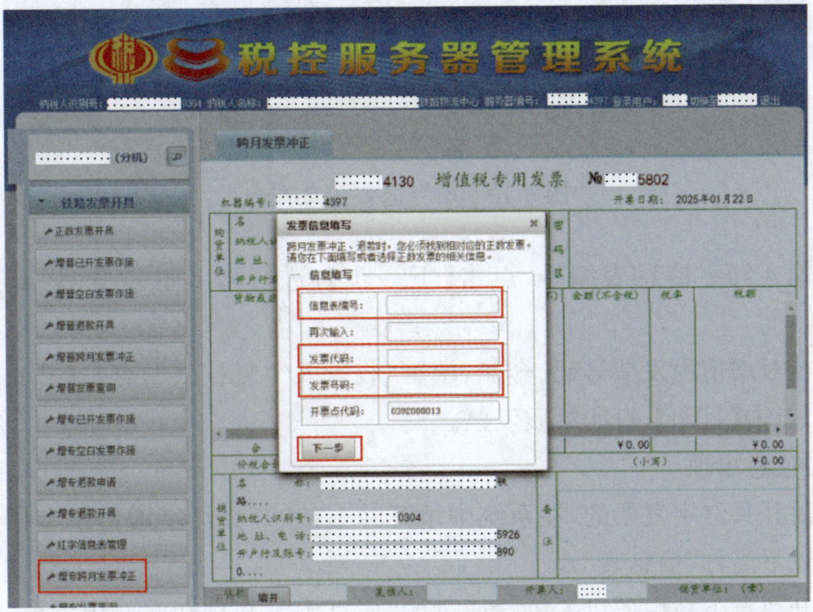

图 5-9　开具红字发票

②核对增值税发票号码、金额，填写“收款人”“复核人”，点击【开具】，生成密码区，点击【打印】，打印纸质发票。

(3)开具增专退款发票

①登录税控系统，选择【铁路发票开具】—【增专退款开具】，输入退款证明书号码，点击【查询】，选择对应的退款信息，如图 5-10 所示。

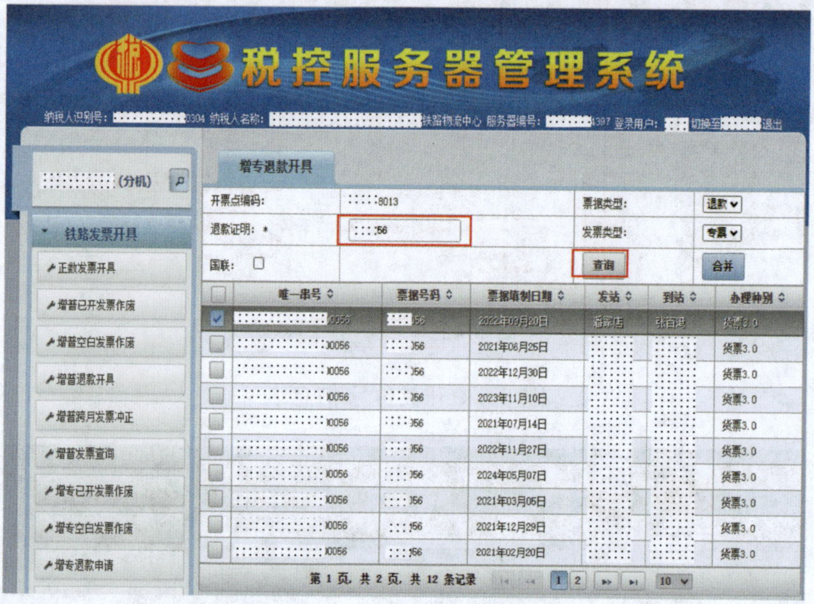

图 5-10　增专退款信息查询

②输入红字信息表编号，点击【下一步】，进行增专退款开具，如图 5-11 所示。

③核对增值税发票号码、金额，填写“收款人”“复核人”，点击【开具】，生成密码区，点击【打印】，打印纸质发票。

(4)注意事项

①需开具红字发票的，在系统中填开并上传“开具红字增值税专用发票信息表”(以下简称“信息表”)。

②开票点下载税务机关校验通过的“信息表”，开具红字专用发票，并留存“信息表”。

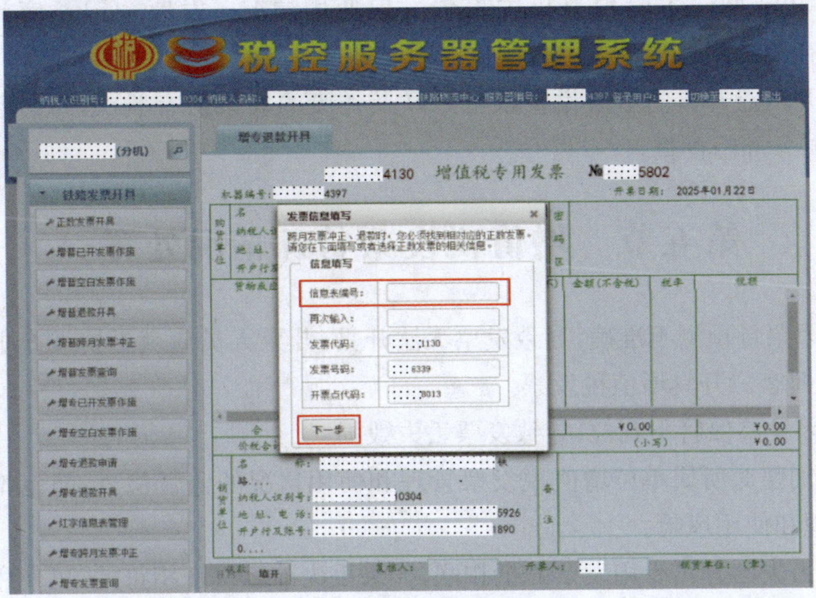

图 5-11　增专退款开具

③开具红字专用发票项目涉及向客户退款的，应先按照原运输收入退款流程办理审批手续，再按以上规定开具红字专用发票后方可予以退款。

④开具增值税专用发票后，记账联、抵扣联、发票联齐全的，可直接在税控系统中开具红字发票；发生部分退款的，凭客户在增值税专用发票认证抵扣之后出具的红字信息表开具增专退款发票。

第四节　增值税发票保管

1. 增值税发票使用单位要设(或指定)专人保管增值税专用发票和专用设备，并按税务机关要求存放，限制不相关人员接近，落实安全管理责任。

2. 财务部门、开票点领取增值税发票后，应放专用票据柜存放。发生发票丢失情形时，开票点应当立即报财务部门，财务部门于发现丢失当日书面报告税务机关，并按规定登报声明作废。

3. 财务部门、开票点应当建立发票使(领)用登记制度，设置发票使(领)用登记簿,并定期向主管税务机关报告发票使用情况。发票登记簿应当保存5年,保存期满报经税务机关查验后销毁。

4. 开票点开具的增值税发票记账联及作废的发票所有联次,每月装订成册后报财务部门存查。

第五节　增值税发票特殊情况处置

1. 因票量预测不准确,导致发票无法开具:开票人员应就近协调企业其他开票点,向客户开具增值税发票。

2. 因发票保管不到位,导致发票丢失毁损:

(1)加强对所属单位增值税发票管理和使用情况的监督检查,防范增值税发票管理和使用风险。

(2)丢失已开具专用发票的抵扣联,如果丢失前已认证相符的,可使用专用发票发票联复印件留存备查;如果丢失前未认证的,可使用专用发票发票联到主管税务机关认证,专用发票发票联复印件留存备查。

(3)丢失已开具专用发票的发票联,可将专用发票抵扣联作为记账凭证,专用发票抵扣联复印件留存备查。

第六章 货损理赔作业

货损理赔作业是对货物铁路运输过程中(自铁路运输企业接收货物时起,至将货物交付收货人时止)发生灭失、短少或者损坏时的赔、补偿。

货损理赔作业是通过铁路保价运输管理系统(简称保价系统),依据规章审核案卷及赔偿要求书,填发客户通知书、赔偿审批报告、货物损失赔(补)偿通知书并按职责权限定责的作业。本章主要介绍赔偿要求书、货损理赔作业内容及案例。

第一节　赔偿要求书

一、赔偿要求书简介

赔偿要求书,是客户向铁路提出赔偿要求的基础资料。赔偿要求书信息包括提赔单位或姓名、发站、到站、运单号码、货物名称、损失数量、(计量)单位、提赔款额、计算方法、记录编制站、记录号码、详细通信地址、电话、邮编、开户银行名称及账号(收款人、收款银行、收款账号)、附件名称、份数、委托单位、委托人姓名、赔偿要求书收据等相关信息,如图 6-1 所示。

二、赔偿要求书填写说明

收(发)货人通过 95306 平台或 95306App 向发(到)站提出赔偿要求,作业人员通过保价系统审核赔偿要求书,依据《铁路货物损失处理规则》对赔偿要求书中损失数量、单位、提赔款额、计算方法、开户银行名称及账号(收款人、收款银行、收款账号)进行审核。

作业人员审核赔偿要求书具体说明,见表 6-1。

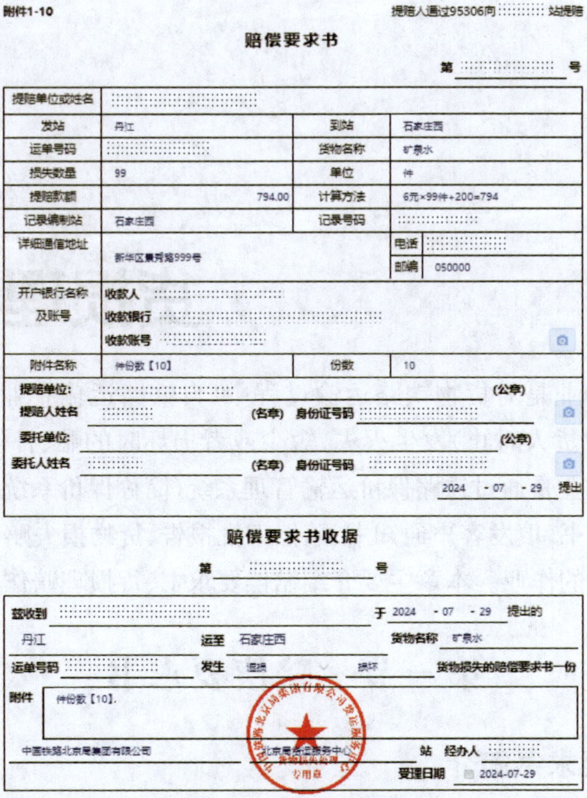

附件1-10　　提赔人通过95306向　　站提赔

赔偿要求书

第　　号

提赔单位或姓名			
发站	丹江	到站	石家庄西
运单号码		货物名称	矿泉水
损失数量	99	单位	件
提赔款额	794.00	计算方法	6元×99件+200=794
记录编制站	石家庄西	记录号码	
详细通信地址	新华区景秀苑999号	电话	
		邮编	050000
开户银行名称及账号	收款人 收款银行 收款账号		
附件名称	件份数【10】	份数	10

提赔单位：　　（公章）

提赔人姓名　　（名章）　身份证号码

委托单位：　　（公章）

委托人姓名　　（名章）　身份证号码

2024 - 07 - 29　提出

赔偿要求书收据

第　　号

兹收到　　于 2024 - 07 - 29 提出的

丹江　运至　石家庄西　货物名称　矿泉水

运单号码　　发生　短损　损坏　货物损失的赔偿要求书一份

附件　件份数【10】.

中国铁路北京局集团有限公司　北京局货运服务中心　站　经办人

受理日期　2024-07-29

图 6-1　赔偿要求书

表 6-1　赔偿要求书填写说明

栏号	栏目名称		内容填写说明
1	赔偿要求书	损失数量	依照货运记录进行核定
2		单位	依据货运记录记载(袋、件、箱、kg、t 等)进行填写
3		提赔款额	依照货运记录(或货物损失鉴定书)损失、参保金额按比例核算
4		计算方法	损失数量占全批货物的比值与参保金额乘积(或货物损失鉴定书记载)
5	赔偿要求书收据	损失类别	根据相关规章核定定责通知书损失类别,点击下拉箭头进行勾选

第二节　货损理赔

一、货损理赔作业内容

认真落实规章、文电要求及各项作业制度，严格执行各项作业标准，执行运输政策和有关规定。督促各营业室及时将货物损失调查案卷加载到保价系统，受理客户通过 95306 平台、95306 App 提出的赔偿需求。审核货物损失赔偿案卷(保价、非保价、铁路保险)，接待和处理有关货物损失处理的来访、来电。负责应用保价系统审核办理轻微、三级货物损失的赔偿，应用保价系统受理一级、二级货物损失案卷，并完善赔偿要求书、填发客户通知书，保存后及时通知集团公司货运部。做好相关货物损失的调查、处理、材料审核等工作，按规定期限将理赔材料递交相关部门。

二、货损理赔作业流程

1. 登录保价系统，进入货损理赔作业界面，如图 6-2 所示。

图 6-2　铁路保价运输管理系统

2. 进入系统首页，点击右上角红色铃铛，处理待办理事项，如图 6-3 所示。

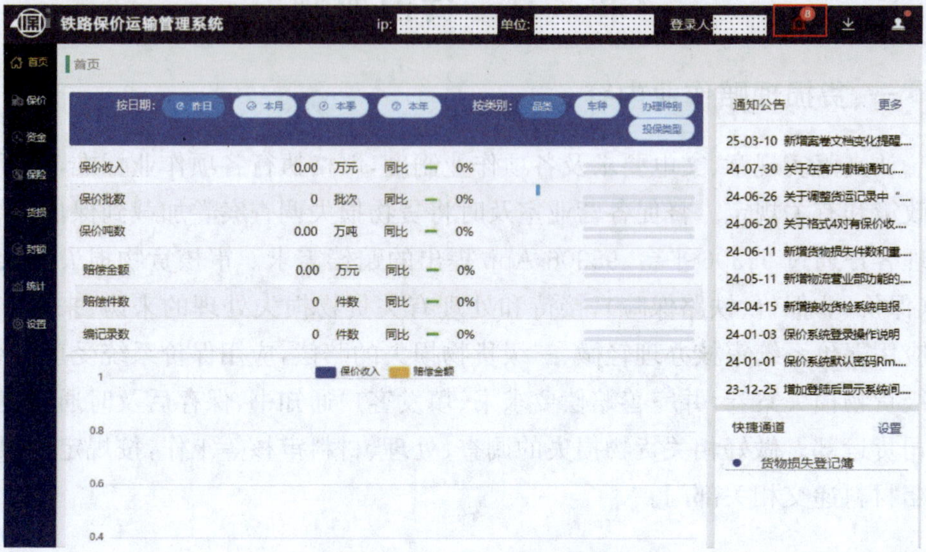

图 6-3 待办理事项提醒

3. 选择并双击查看未接收、待受理、未办赔案卷，如图 6-4 所示。逐一查看货物运单、货物损失报告、货运记录、货物损失查复书等，查阅审核后关闭，选择已阅退出。

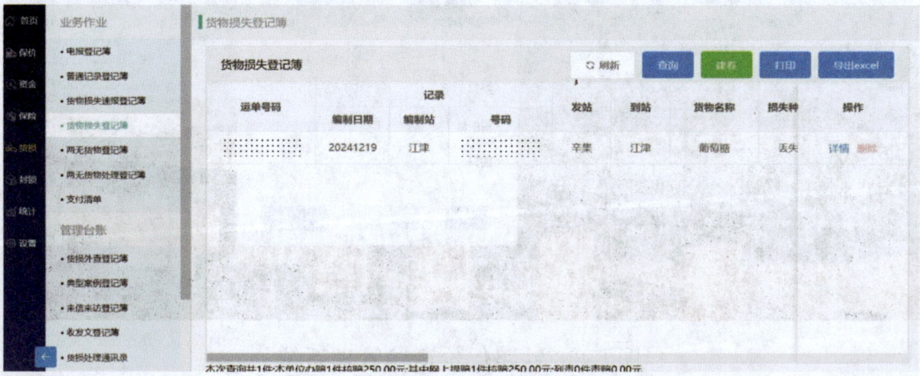

图 6-4 未接收、未办赔案卷界面

4. 受理未办赔案卷，审核并补充填写赔偿要求书。点击【赔偿要求书】—【修改】，核实、补充损失数量、单位、赔偿金额、计算方法、损失种类后，点击【有效保存】。

5. 填写客户通知书。点击【客户通知书】，选择通知类型并填写受理结果（受理通过、暂不受理、不予受理及其原因），点击【有效保存】，如图 6-5 所示。

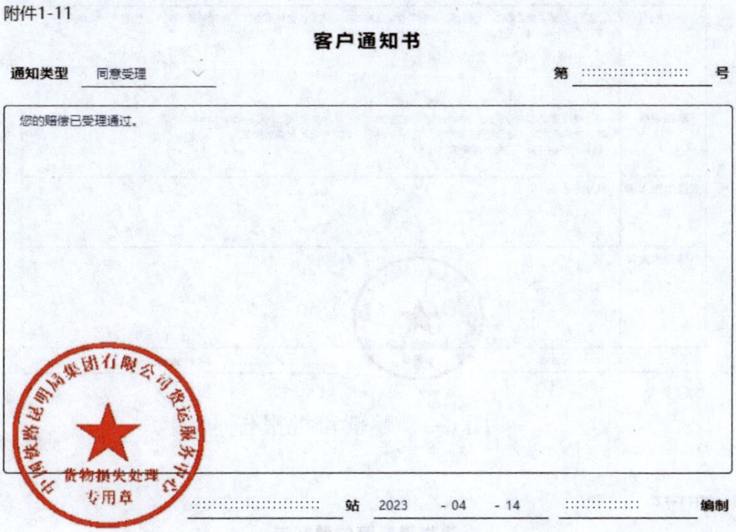
附件1-11

客户通知书

通知类型　同意受理　　　　第　　　号

您的赔偿已受理通过。

中国铁路昆明局集团有限公司货运服务中心
货物损失处理
专用章

站　2023　-04　-14　　　编制

图 6-5　客户通知书

6. 填写赔偿审批报告。点击【赔偿审批报告】，核实损失种类、数量、金额，填写损失概况、核定损失款额，填写受理意见及办赔意见，点击【有效保存】，如图 6-6 所示。

7. 编写货物损失赔偿通知书。点击【货物损失赔(补)偿通知书】(“+”增加)—选择主送单位、核对赔偿金额、收款单位信息—【有效保存】，如图 6-7 所示。

8. 选择货物损失赔(补)偿通知书，点击【打印】，分别打印正副本，如图 6-8 和图 6-9 所示。

9. 补充定责通知书。点击【补充定责通知书】—输入已核定的款额，点击【有效保存】—【打印后关闭】，如图 6-10 所示。

10. 传输案卷至相关单位。输入寄送单位，点击【传输】，如图 6-11 所示。

11. 涉及铁路保险的在操作步骤 11 时勾选“报送铁保”，如图 6-11 所示。

赔偿审批报告

日期 2023-04-14 第 [redacted] 号

记录编制站	蒙自北	记录编制日期	2023-02-12	记录号码	[redacted]
办理种别	整车	车号/车种车型	3461454 P64GK	运单号码	[redacted]
发站	衡水	到站	蒙自北	货物名称	复混肥料(复合肥料)
损失名称	少件	提赔款额	400.00	核赔款额	400.00
损失种类	丢失				
损失概况	上货到达我站10道卸车，卸检好，施封两枚如上有效，启门见货物堆码整齐，车容未满，卸净上货清点，较票据记不符，实卸1496件，短少4件，全车卸空无残。				
核赔依据	依《铁路货物运输规程》、《铁路保价运输管理办法》，铁路应赔150000/1500*4=400元。 依《铁路货物损失处理规则》附件3、二、（一）、1款之规定，列衡水责任。 经审核资料齐全，符合办理要求。				
受理负责人审批	同意受理 [redacted]				
办赔负责人审批					

[redacted] [redacted] 站 编制人 [redacted]

图 6-6 赔偿审批报告

附件1-12

货物损失赔偿通知书

保价 国内

第 [redacted] 号

主送 集团公司保价财务

关于 2023-02-02 由 衡水 站承运到 蒙自北 站 办理种别 整车

托运人 [redacted] 收货人 [redacted]

运单号码 [redacted] 货物名称 复混肥料(复合肥料) 保价 150000.00 元，

发生 少件 丢失 货物损失，赔偿要求人于 2023-04-14

要求铁路赔偿 400.00 元一案，于 2023-04-14

受理，经审定同意赔偿 400.00 元，大写 肆佰元整

1. 请将上述赔款汇至

户名：[redacted]

开户银行：[redacted]

银行账号：[redacted]

2、请持本通知书到 财务领取

抄送 衡水,蒙自北

中国铁路昆明局集团有限公司

办赔单位 [redacted]

办赔路局 中国铁路昆明局集团有限公司

办赔日期 2023-04-14

编制人员 [redacted]

图 6-7 货物损失赔偿通知书

附件1-12

正本

货物损失赔偿通知书

保价

第 [redacted] 号

主送：集团公司保价财务

关于 2023年04月12日 由 房山 站承运到 大花岭 站，办理种别 整车

托运人 [redacted] 收货人 [redacted]

运单号码 [redacted]，货物名称 聚乙烯，保价 510000.00 元，

发生 破少 货物损失，赔偿要求人于 2023年04月24日，

要求铁路赔偿 199.21 元一案，于 2023年04月24日 受理，

经审定同意赔偿 200.00 元（大写）贰佰元整。

1、请将上述赔款汇至：

户　　名：[redacted]

开户银行：[redacted]

银行账号：[redacted]

收款人签字（盖章）：

抄送：房山，大花岭

中国铁路北京局集团有限公司

中国铁路北京局集团有限公司

北京局货运服务中心

2023年04月24日

[redacted]

图 6-8　货物损失赔偿通知书正本

附件1-12

副 本

货物损失赔偿通知书

保价

第 [redacted] 号

主送：集团公司保价财务

关于 2023年04月12日 由 房山 站承运到 大花岭 站,办理种别 整车

托运人 [redacted] 收货人 [redacted]

运单号码 [redacted] ,货物名称 聚乙烯 ,保价 510000.00 元,

发生 破少 货物损失，赔偿要求人于 2023年04月24日 ,

要求铁路赔偿 199.21 元一案，于 2023年04月24日 受理。

经审定同意赔偿 200.00 元(大写) 贰佰元整 。

1、请将上述赔款汇至：

户　名：[redacted]

开户银行：[redacted]

银行账号：[redacted]

收款人签字(盖章)：

抄送：房山,大花岭

中国铁路北京局集团有限公司

中国铁路北京局集团有限公司

北京局货运服务中心

2023年04月24日

[redacted]

图 6-9　货物损失赔偿通知书副本

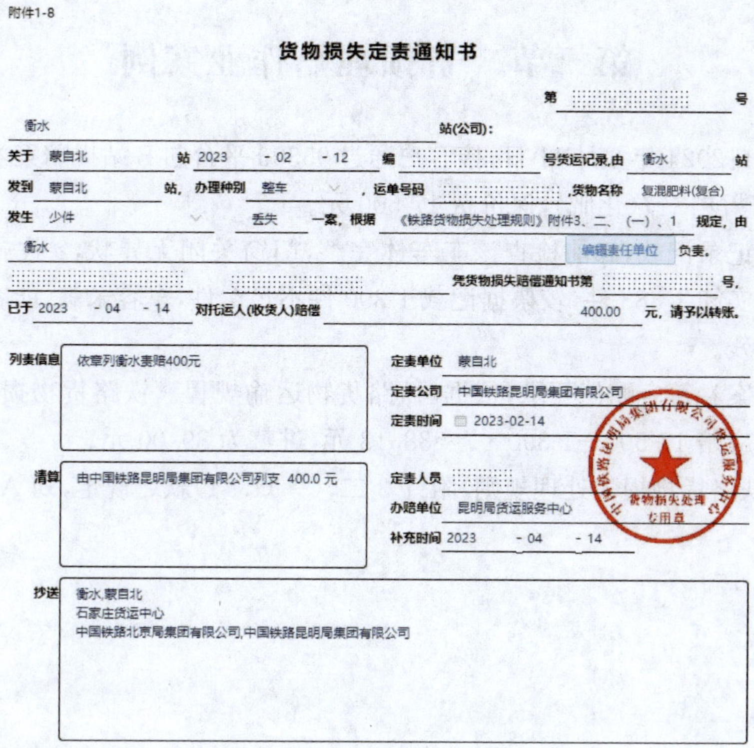
附件1-8

货物损失定责通知书

第 [redacted] 号

衡水 站(公司)：

关于 蒙自北 站 2023 - 02 - 12 编 [redacted] 号货运记录，由 衡水 站

发到 蒙自北 站，办理种别 整车，运单号码 [redacted]，货物名称 复混肥料(复合)

发生 少件 丢失 一案，根据《铁路货物损失处理规则》附件3、二、(一)、1 规定，由

衡水 编辑责任单位 负责。

[redacted] [redacted] 凭货物损失赔偿通知书第 [redacted] 号，

已于 2023 - 04 - 14 对托运人(收货人)赔偿 400.00 元，请予以转账。

列责信息 依章列衡水责赔400元

定责单位 蒙自北

定责公司 中国铁路昆明局集团有限公司

定责时间 2023-02-14

清算 由中国铁路昆明局集团有限公司列支 400.0 元

定责人员 [redacted]

办赔单位 昆明局货运服务中心

补充时间 2023 - 04 - 14

抄送 衡水,蒙自北
石家庄货运中心
中国铁路北京局集团有限公司,中国铁路昆明局集团有限公司

图 6-10　货物损失定责通知书

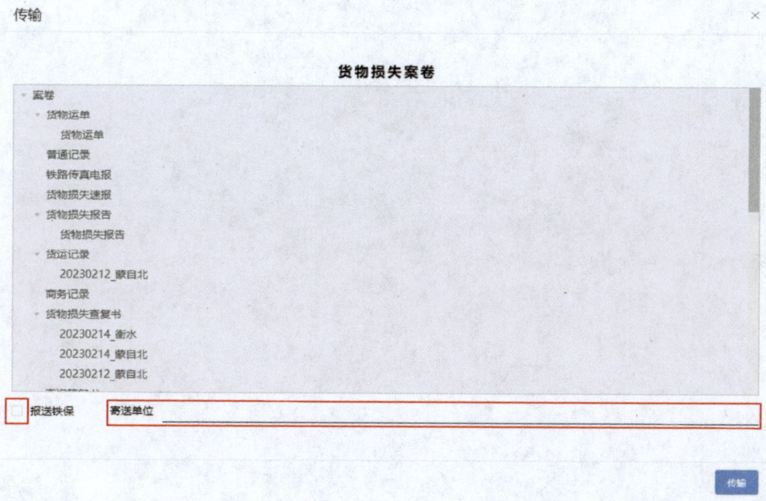

图 6-11　传输案卷至相关单位

第三节　货损理赔作业案例

例 6-1：2024 年 6 月 11 日，接客户通过 95306 平台向 B 站提赔案卷，A 站发 B 站整车磷酸二铵（化肥），保价费 17 500 元。

货运记录记载，卸前检查该车车体完整，门窗关闭无异状，2 枚施封有效；卸时清点实卸 1 383 件，较票据记载 1 390 件不足 7 件，车容未满，能容纳该件，车卸空无残。

经核案卷符合赔偿要求，依据《铁路货物运输规程》《铁路货物损失处理规则》，铁路应赔 17 500÷1 390×7≈88.13 元，进整为 89.00 元。

依《铁路货物损失处理规则》附件 3 二、（一）1.（1）款之规定，列 A 站责任。

第七章

客户服务作业

客户服务依托 95306 电话解答客户的咨询、受理流转建议或投诉、代客户提报“我要发货”需求，为客户提供 24 h 不间断服务。

第一节　客服电话接听作业

一、系统基本功能及作业基本要求

通过铁路客服语音平台可实现客户电话的接听、外呼、转接，其中转接又分为内部转接与外部转接。内部转接指的是“我要发货”“客运服务”“货运服务”“行李包裹”等客服语音平台内部席位间转接。外部转接主要指的是从 95306 语音平台各席位转接至 95572 中铁快运客服。

1. 基本功能

登录后，进入系统页面。上部功能按键分别为“签出”“工作态”“示忙”“示闲”“呼叫”“转出”“保持”“静音”“引导台”“挂断”，如图 7-1 所示。

2. 作业要求

(1)与客户对话时，除使用规章规定用语外，须使用“请”“感谢”“抱歉”等开头的礼貌语句，如“请问……”“请您提供……”“请您记录……”“请稍候”“感谢您的耐心等待”“抱歉地通知您”等服务用语，以提高通话质量。

严禁出现“办不了”“不清楚”“不知道”等服务忌语。遇自己不清楚的事项时，要避开服务忌语，婉转表达，要使用客户能接受的语言与客户进行沟通。

(2)跟客户互动过程中，应根据客户实际情况提供针对性服务。

①有发货需求的客户，在详细询问客户货物品名、重量、体积、件数后，应向

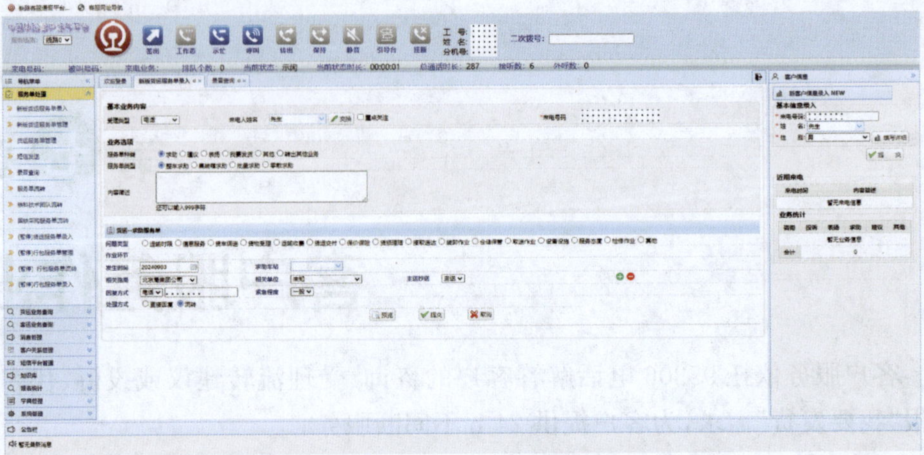

图 7-1　语音平台操作界面

客户介绍适合客户发货的铁路运输产品，之后按客户意见提供后续服务。

②投诉或建议的客户，应详细记录来电号码、联系人、发生时间、事情经过等重要信息，并进行流转。

(3)需要转接的电话应解释并得到客户同意后方可转接。

(4)通话结束时，需得到客户同意后方可挂断电话。

3. 客户服务规范用语(表 7-1)

表 7-1　客户服务规范用语

序号	分类	项目	用语规范
1	导语	欢迎语	您好，欢迎致电 95306 货运物流服务中心，××号客服人员为您服务，有什么可以帮您？ (您好，欢迎致电××车站，××号客服人员为您服务，有什么可以帮您？)
2		结束语	(内接)感谢您的来电，如有需求请随时致电，再见。 (外呼)很高兴为您服务，再见！

续上表

序号	分类	项目	用语规范
3	外呼业务	开头语	您好，这里是××铁路 95306 货运物流服务中心，我是××号客服人员…… （您好，这里是××车站，我是××号客服人员……）
4		如客户不愿意进行交流	对不起，打扰您了，再见！
5	询问客户有关信息	询问客户姓名	请问先生/女士贵姓？
6		询问客户业务办理类型	请问您有什么需求？
7		询问货物信息	请问您托运货物的品名、包装、件数、体积、最大单件重量和总重量？
8		询问发到地点	请问您要从哪里发运到哪里？是否需要接取送达服务？
9		询问发运时间	请问您准备什么时候发运？
10		询问托运人信息	请问托运人的名称、经办人姓名及电话？
11		询问收货人信息	请问收货人的名称、经办人姓名及电话？
12	受理成功，告知客户结果	“我要发货”受理成功后告知结果	您的需求我们已受理，请记录查询码：×××××。您可凭该号码随时查询业务办理状态，或办理相关手续，请妥善保存。
13		“预约”受理成功后告知结果	您已成功预约了××日—××日的装车，总车数：×车，装车站：××，预约号：××××。请您确定具体装车日期后，尽快与我们联系。
14		“订车”或“订空车”受理成功后告知结果	您已成功预订了××日的装车，预订车数为：×车，装车站：××，订车号：××××。请您尽快持运单到车站办理装车。您可凭订车号在电子商务网站打印运单和领货凭证，或直接到车站打印。如有需要，请致电 12306(95306)，或直接拨打××车站服务电话：××××—×××××××× 。
15		零担、集装箱需求受理成功后告知结果	您的需求我们已受理，请记录查询码：×××××。您可凭该号码在电子商务网站打印运单和领货凭证，或直接到车站打印。您现在就可持运单直接到装车站办理装车。

续上表

序号	分类	项目	用语规范
16	受理成功，告知客户结果	上门取货需求受理成功后告知结果	您的需求我们已受理，感谢您选择铁路物流。请您保持电话畅通，稍后我们将安排专人与您联系上门取货具体事宜。
17		受理成功，但客户须提交证明材料	您的需求我们已受理，请记录查询码：×××××。您可凭该号码随时查询业务办理状态，或办理相关手续。装车前请记得携带××证明材料，以免影响您装车。
18	受理不能一次完成，告知客户结果	因货物性质需到车站办理	非常抱歉，您的货物需到车站确认办理条件，请您携带××证明材料，到××车站营业厅办理，车站服务电话：××××-×××××××××。给您带来不便，敬请谅解。
19		因装载方案需到车站办理	非常抱歉，为保证您的货物安全，需要您提供装载加固方案，您可到××车站营业厅办理，车站服务电话：××××-×××××××××。给您带来不便，敬请谅解。
20		因运力原因需排队等待装车	非常抱歉，您所提的××日运输能力紧张，暂时不能满足您的需求。您需要排队等候，或改为××日装车。您的需求已预约登记，请您保持电话畅通，预订成功后我们将及时与您联系。给您带来不便，敬请谅解。

二、作业流程

1. 系统登录

登录操作步骤如下：输入用户工号—选择角色—输入分机号—验证码获取方式选择“话机获取”—输入用户口令，如图 7-2 所示。

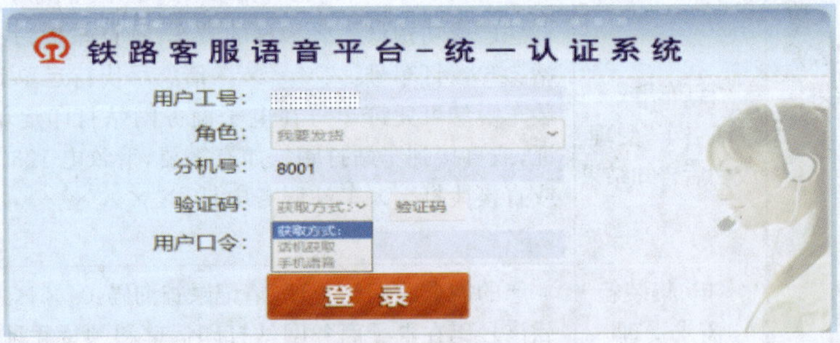

图 7-2　语音平台登录界面

通过话机拨号“330600”，选择【呼叫】，随后话机播报验证码，将验证码输入登录界面，完成登录，如图 7-3 所示。

图 7-3 话机拨打“330600”获取验证码

2. 作业准备

登录系统后，签入系统，依次核对工号、姓名、分机号是否正确。点击【示闲】，进入待机状态，点击【新版货运服务单录入】，完成作业准备工作。

3. 电话接听作业

(1)正常接听

电话呼入后，铃声响起，系统默认自动接听及报工号，系统播报结束后，应使用开始语，通话过程中，应按照规范服务用语，解答客户问题或记录客户求助、投诉、建议信息，并提供帮助。无需转接的电话，征得客户挂机同意后，挂机即可完成通话作业。

(2)转接

需要转接的，在征得客户同意后，点击【转出】，转接中铁快运选择“外部转接”，需输入“95572”后，点击【成功】，完成转接，如图 7-4 所示。

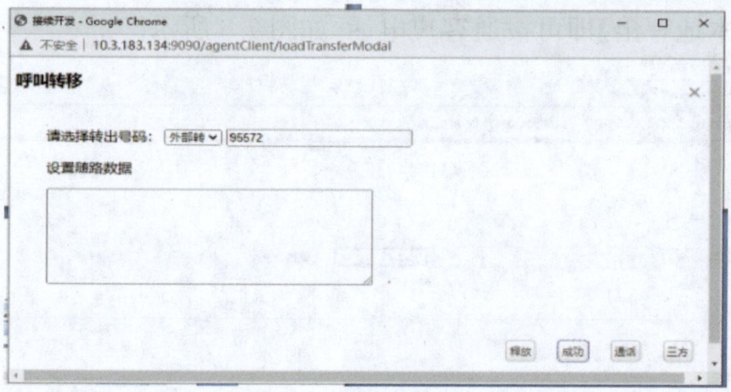

图 7-4 转接中铁快运

转接行包席、客运席选择“内部转接”。另：“内部转接”分为“技能队列”和“业务代表”，在弹出窗口中选择相应服务选项，鼠标右键点击该选项后，在弹出的对话框中选择【挂断转接】,如图 7-5 所示。

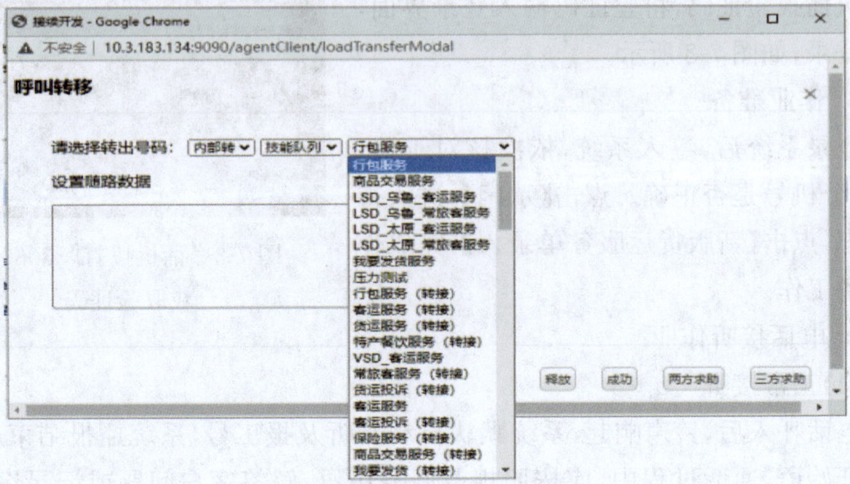

图 7-5　内部转接

(3)外呼

①与客户联系确认信息

与客户确认需求信息、投诉建议信息或其他确需与客户再次核对的信息时,通过话务系统外呼与客户取得联系。外呼时,需选择外呼功能,并输入联系号码,选择【本地呼出】即可拨通客户电话,如图 7-6 所示。

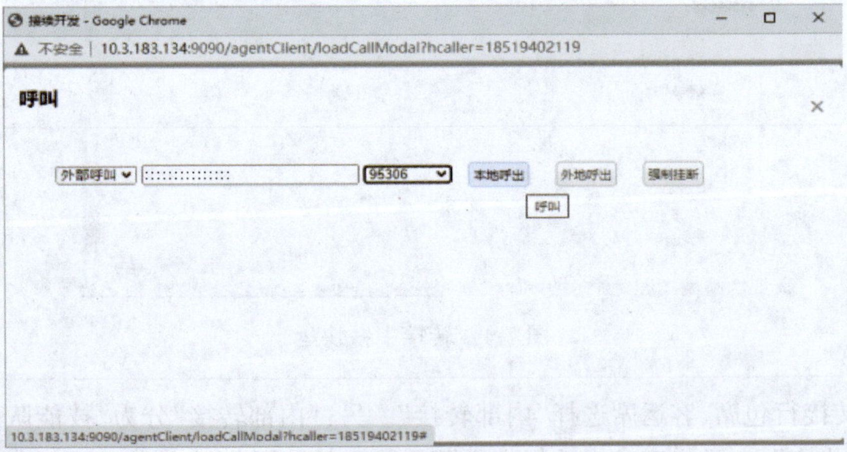

图 7-6　外呼作业

另外在外呼作业中，征得客户同意后，亦可转接至 12306 或 95572 中铁快运客服，操作同转接。

②客户回访

在投诉处理、满意度回访或需要进行调查问卷回访作业时，需通过话务系统外呼与客户取得联系，严禁使用路电或其他电话与客户取得联系。

第二节 代客户需求提报

一、客户需求简介

客服人员应详细了解客户需求，录入需求信息，根据货物重量(体积)、发到站范围等条件确定运输方式，同时应熟练掌握货物品类、车站范围、运价政策等货运业务信息，负责解答客户咨询，为客户提供信息服务，协助客户办理手续。要按照“热情服务、规范作业”的要求，全面落实服务标准。要严格遵守受理纪律，确保敞开受理、随到随办，凡符合货物快运办理条件的需求，不得拒绝受理。

二、客户需求填写说明

货物运输需求是建立货物运单的基础信息源点，需将客户提供的发货信息准确无误录入 95306 中，带“*”的栏目为必填项，内容包含发站、到站、托运人、收货人、专用线、经办人、货物名称、货物特征、件数、包装、货物价格、重量、车种、货物重量、增值税信息、记事等，填写完毕后，需同客户再次核对信息是否有误。具体栏目填写说明，见第二章表 2-1。

三、需求提报工作内容

客服人员代报需求时，需通过 95306 平台实现需求提报，可提报三个月之内的阶段需求或直接提报日需求，同时日需求亦可使用阶段需求提出，并补充电子运单需求联相关信息。详细操作说明，见本教材第一章。

1. 需求信息采集

在客户明确表示需代报需求时，客服人员应严格按照表 7-1 客户服务规范用语，逐项问清需求信息，并填记至相应位置。

2. 核对确认需求信息

填记信息完毕后，应与客户再次逐项进行核对确认，确保需求信息准确、完整。对于多音字或易产生歧义的信息，应多次核对，确保无误，方可提交需求信息。

3. 需求信息流转

代客户提报完毕后，应在当日 16:00 后通过 95306 查询配车与否，配车成功后，将客户信息流转至相关营业室，由营业室联系客户上货。若未配车，应与客户联系，确认是否需要再次提报发货需求。

第三节　工单录入及流转

一、信息受理

对求助、投诉、建议工单的受理、记录、流转、跟踪及回访，需严格执行国铁集团相关要求与规定①。工单内容应简单明晰，准确表述客户反映情况，不做主观分析和评论。工单信息按相应模板，录入系统，并选择相应工单类型，进行流转，如图 7-7 所示。

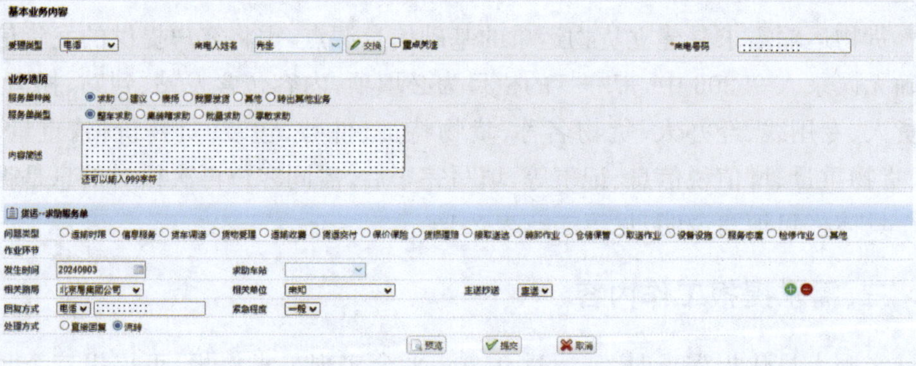

图 7-7　工单信息录入界面

① 根据《铁路旅客投诉处理管理暂行办法》（铁总运〔2017〕136 号）、《铁路货运服务质量投诉处理管理暂行办法》（铁总运〔2013〕43 号）。

二、信息处理

1. 货运专家席应实时从系统提取及处理求助信息，确定求助类型、内容并判定相关信息是否填写正确，如图 7-8 所示。遇无法判定，应重听电话录音或与客户进行联系。

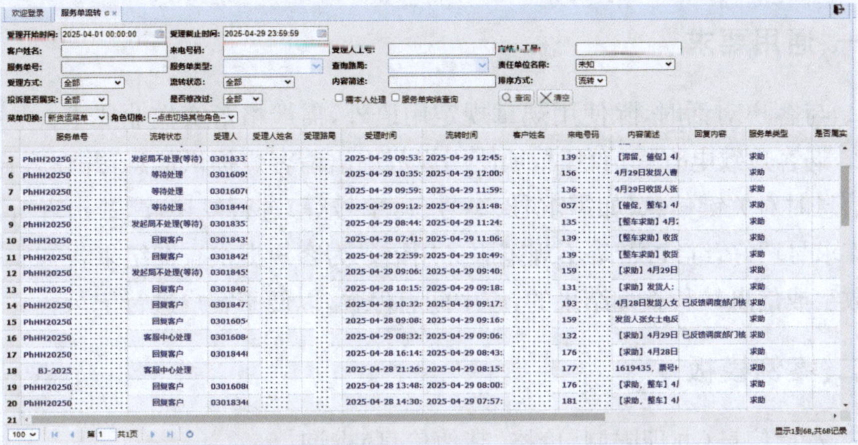

图 7-8　求助、投诉、建议信息查询

2. 按类别将工单利用客服系统进行流转，如图 7-9 所示。对于重点工单应电话通知责任单位及时处理。

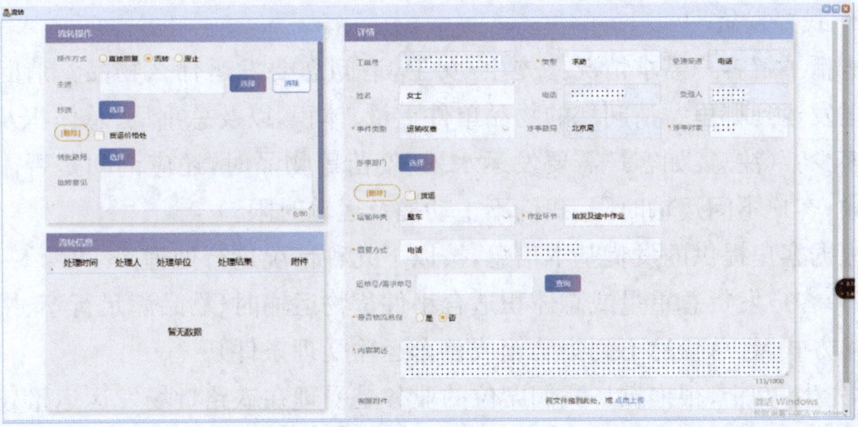

图 7-9　工单流转

3. 工单按照回复时限对服务结果进行追踪，对责任单位反馈的处理结果进行分析、判断。

4. 每日、每周、每月对工单不同类型的数量进行统计。

第四节　答复模板

一、通用要求

1. 与客户对话时，除使用规章规定用语外，需严格落实作业要求。

2. 遇客户致电查询信息时，须使用规范用语请客户提供信息，并在客户提供相关信息时对关键信息（如需求号、车号、运单号等）进行复述，严禁出现“说一下你的需求号”“好，继续说”等不规范服务用语。为客户提供查询结果告知服务时，遇含数字或信息较长查询结果的，应中间有停顿，以便于客户进行记录。

二、案例模板

1. 发货信息（办理限制、价格、其他信息）查询

“先生/女士，您好。……（根据客户问询进行描述，如发货流程、货物运费等）业务，请您提供……（需要查询的信息）。”通过 95306 或知识库查询相关信息，并按照查询得到的信息给予解答。“请问您还需要其他帮助吗?”如不需要则结束通话。

2. 我要发货

概括了解客户需求情况：“先生/女士，请问您要发运什么物品？请问您要从哪里发运到哪里？请问您的物品单件重量、体积，以及总重量、总体积及总件数是多少?”（注意：如客户需要发运水果、疫苗等物品时，还应询问是否需要保温运输；客户不问运输时限，我们不主动提及运输时限。）

根据客户提供的发货基本信息，按以下几种情况进行处理。

(1)客户发货总重量或总体积适合小件货物运输时（物品满足行李、中铁快运运输方式，且总量达不到集装箱或整车运输受理条件）

“先生/女士，很抱歉！我们席位的业务是受理在铁路货场发运运量较大货物的（至少几十吨运量，下同），暂不适合您的货物运输。但根据您提供的信息，

目前有两种铁路运输方式(产品)可能适合您:一种是行李托运,这种运输方式是在铁路客运站,通过旅客列车的行李车运输货物,这种方式需要您持有车票,同时对能发运货物的品类也有限制,并且需要您自己把货物送到车站发运。另一种是中铁快运,这种方式可以单独发货,主要是在铁路客运站,通过旅客列车的行李车运输货物,也开展有高铁托运业务(客户主动提及高铁运输,或客户发货量就几件、体积不大时可提及高铁业务),中铁快运能提供接取送达服务。但向您介绍的这两种运输方式都需要转接相应席位,不同的运输方式由不同的客服席位负责解答。请问您选择哪种方式?”(根据客户答复,有车票或有乘车出行打算的推荐第一种运输方式;无车票或仅发货的推荐中铁快运。上述两种方式介绍,仅适合中铁快运方式时,省略行李托运方式即可。)

根据客户答复进行下一步操作。如需要转接,则提示客户:“正在为您转接,请稍候……”。如不需要则结束通话。

(2)客户发货总重量或总体积适合整车(批零、集装箱)运输时

“先生/女士,您好!您的货物适合铁路整车(批零、集装箱)运输方式。请问您在铁路发过货吗?”

①客户在铁路发过货

“请您提供一下以前发货时用的电话号码。”“请您稍候,正在为您查询历史记录。”(查询、复述历史记录信息,询问客户本次发货信息是否有改动,是否有需要说明或备注的事项。根据客户需求登记并复述信息后提报需求。没有保价的客户要再次提示保价,以便维护客户利益。)“您的需求已提报,感谢您的致电……(结束语)。”

②客户初次在铁路发货

如果客户需要先咨询价格信息,应先为客户进行运费试算,并将结果告知客户。

如果客户需要直接提报需求,根据客户发货类型进入 95306 为客户办理发货手续。内容逐项询问客户,并确认信息填记齐全、向客户复述信息无误后提报需求。

(3)客户发货地区在局管外时

①客户选择行李托运方式

“先生/女士,您好!您现在拨打的是中国铁路北京局集团有限公司我要发

货客服电话，您的发货需求已超出了我们的业务范围，建议您拨打××铁路局集团公司客服电话进行咨询，客服电话是……”。

②客户选择中铁快运方式

“先生/女士，您好！我们受理的业务是在铁路货场发运运量较大货物的，暂不适合您的货物运输。铁路还有一种运输方式是中铁快运，主要是在铁路客运站，通过旅客列车的行李车运输货物的，或许能够满足您的需求。但咨询该业务需要为您转接中铁快运专席，请问是否需要转接？”根据客户答复进行下一步操作。如需要，则提示客户：“正在为您转接，请稍候……”。如不需要则结束通话。

3. 查询运输时限

(1)行李托运运输时限

“先生/女士，您好！我们席位受理的业务是在铁路货场发运运量较大货物的，您问询的内容已超出本席位的解答范围，需要为您转接到行李托运专席为您解答问询，请问是否需要转接？”根据客户答复进行下一步操作。如需要，则提示客户：“正在为您转接，请稍候……”。如不需要则结束通话。

(2)中铁快运运输时限

“先生/女士，您好！我们席位受理的业务是在铁路货场发运运量较大货物的，您问询的内容已超出本席位的解答范围，需要为您转接到中铁快运专席为您解答问询，请问是否需要转接？”根据客户答复进行下一步操作。如需要，则提示客户：“正在为您转接，请稍候……”。如不需要则结束通话。

(3)铁路货运运到时限

“先生/女士，您好！请您提供需要查询的车号。”根据 95306 查询结果，给予客户答复：“该车××日××时间报告站为××站”。

①当客户需要帮助催促车辆挂运时，应记录相关信息并进行流转：“先生/女士，我已为您做好记录，我们将尽快为您联系挂运……”。

②当车务单位已回复挂运计划或已完成挂运后，回访客户将相关信息反馈客户：“先生/女士，您好！关于您反馈的××车号未及时挂运，根据××车站报告，该车将于××时间开出（或该车已于××时间开出），给您造成不便，非常抱歉”。

4. 系统故障

“先生/女士，非常抱歉，现在系统出现故障，相关部门正在处理……，系统故障给您带来不便，敬请谅解。”此后根据下述不同客户需求进行答复。

(1)整车方式发货客户

“待系统恢复正常后为您提报需求，您看现在是由我们记录您的需求？还是请您稍后致电？”根据客户答复进行下一步操作。最后应再次致歉，用语：“系统故障给您带来不便，敬请谅解”，并结束通话。

(2)其他需要通过系统完成的咨询、试算等服务

“暂时无法为您提供××咨询(或试算)服务，系统故障给您带来不便，敬请谅解。”根据客户答复进行下一步操作。

5. 客户投诉

(1)客运业务投诉

“先生/女士，我们席位是负责货运业务的，您的诉求需要转接到客运专席进行受理，请问是否需要转接？”根据客户答复进行下一步操作。如需要，则提示客户：“正在为您转接，请稍候……”。如不需要则结束通话。

(2)中铁快运业务投诉

“先生/女士，我们席位是负责货运业务的，您的诉求需要转接到中铁快运专席进行受理，请问是否需要转接？”根据客户答复进行下一步操作。如需要，则提示客户：“正在为您转接，请稍候……”。如不需要则结束通话。

(3)货运投诉、求助、建议

在客户明确提出要进行投诉、求助、建议时，首先应安抚客户：“先生/女士，请您别着急，我现在给您做记录，稍后会反馈到相关部门……”。在详细记录联系方式、事情经过及客户诉求后，表示歉意并与客户复述记录内容：“给您造成不便，非常抱歉，请问还有其他需要补充的内容吗？我们将尽快给您反馈。”得到客户同意后，挂机结束通话。

(4)注意事项

①不主动引导客户投诉。

②注意倾听客户诉求，严禁激化矛盾。

③准确表述客户反映情况，不做主观分析和评论。

6. 通话质量不佳

(1)电话接听起对方即无声音或声音断断续续听不清时

“您好,请问有什么可以帮您?”等待5 s后,如仍无声音,“您好,您的电话已经接通,请问有什么可以帮您?”等待5 s后,如仍无声音,确定对方仍无应答后,“您好,非常抱歉,无法听到(清)您的讲话,建议您更换信号好的位置进行通话”。等待,如有声音,则为客户提供服务。如仍无声音,则等待客户主动挂机。

(2)电话通话过程中对方突然无声音或声音断断续续听不清时

“先生/女士,您好!突然无法听到(清)您的讲话,建议您更换信号好的位置进行通话”,等待5 s后,如仍无声音,“您好,突然无法听到(清)您的讲话,建议您更换信号好的位置进行通话”。确定对方仍无应答后,“您好,突然无法听到(清)您的讲话,请您保持手机畅通,稍后给您回电,感谢您的来电,如有需求请随时致电,再见!”

(3)注意事项

①如通话伊始电话即无声音,则客户挂机后可不再致电回复客户。

②如遇通话过程中突然出现话质不良、无法继续沟通信息的情况,则应落实首接负责制,主动再次致电客户,提供相应服务。

第八章 现场作业系统操作流程及常见问题处理

铁路货运现场作业流程的规范性和系统操作的准确性是确保铁路货物运输安全、货运数据高效流转的关键，直接影响集中办理效率和客户服务质量。本章对系统操作流程进行了梳理，对作业中系统常见问题给出了解决方案。

第一节 现场作业系统操作流程

一、管控平台

管控平台是铁路货运专业统建的唯一生产作业与管控平台，打造货运生产组织一体化模式，全面支撑铁路货场、专用线货运作业，实现计划、进出货、装卸、安全监控等全过程作业管控和跨专业作业协同，外勤分散作业与内勤集中管理联动，支撑铁路货场向数字化场站转型升级，提升铁路货运精细化管理水平，提高对外客户服务质量，对实现铁路货运强基达标、改革创新、降本增效具有重要的现实意义。

1. 货场作业

(1)货场整车装车

【生成送车计划】—【关联需求】—【编制装车计划】—【出务接车】—【安设防护信号】—【装车前三检】—【装车派班】—【装车作业】—【工单审核】—【装车后三检】—【撤除防护信号】—制票(货票系统)—【通知取车】。

(2)货场整车卸车

【生成送车计划】—【编制卸车计划】—【出务接车】—【安设防护信号】—【卸车前三检】—【卸车派班】—【卸车作业】—【工单审核】—【卸车后三检】—【撤除防护信号】—【通知取车】—【内交付】—【外交付】。

2. 专用线作业

(1)专用线整车装卸

【装车计划】—【入线路企交接】—【装车作业】—制票(货票系统)—【出线路企交接】—【通知取车】—【列车发出】—【途中作业】—【列车到达】—【卸车计划】—【入线路企交接】—【卸车作业】—【出线路企交接】—【通知取车】。

(2)专用线集装箱装卸

【装箱】—【检斤验货】—制票(货票系统)—【装车计划】—【入线路企交接】—【装车作业】—【出线路企交接】—【通知取车】—列车发出—途中作业—列车到达—【卸车计划】—【入线路企交接】—【卸车作业】—【出线路企交接】—【通知取车】。

3. 特殊作业

(1)到达调卸

在管控平台【货调】选中车辆点击右键,点击【到达调卸】;进入车辆调卸页面,该页面只展示重车,选中车号前面复选框,点击【发起调卸】;进入调卸信息填写页面,选择局令或者部令,填写调度命令号,输入新到站、调卸原因,点击【提交】按钮,确认后,将会根据填写的新到站和调度命令号生成调卸记录,并将票据到站修改为对应用户输入的新到站。

(2)区间作业

区间装车:提出需求,客户在95306平台填写运输需求;受理需求,添加承运人记事,选择装车后方站;在现车系统记事栏标记区间装车;在管控平台【货调】—【特殊作业】—【区间装车】页面,进行装车操作。

区间卸车:在现车系统记事栏标记区间卸车;在管控平台【货调】—【特殊作业】—【区间卸车】页面,进行卸车操作。

4. 关键项点

(1)专用线作业时间:入线时间<开装(卸)时间<装(卸)完时间<出线时间。

(2)专用线进行集装箱作业时,95306 平台不会卡控车辆是否完成管控平台入线操作。专用线操作前请务必完成管控平台车辆入线操作,否则系统会产生不合规车数。

(3)货调在操作【出线交接】时,如涉及危险货物运输签认、有押运人的情况或超限超重运输时,应相应点击【危货签认】、【押运签认】、【超限超重签认】。

(4)使用货运员账号登录管控平台 App 操作【出线交接】时,应认真核对车号、到站、箱号、货车标重、空重状态等信息。

(5)制单完毕后,要检查货物运单等票据是否正确,无误后点击【通知取车】完成票车绑定,否则会造成重车无票。

二、货运站系统

货运站系统对接了现车、货票等既有系统,实现了业务数据的集成,提高了货运作业效率和服务质量,为货运场站减员增效奠定了基础,促进了车站货运管理的规范化和作业的标准化,强化了货运安全保障,建立了货运安全管控新模式。

1. 装车作业

(1)货场整车装车

【整车货场进出货】—【装车计划】—【装车作业】—制票(货票系统)—【票据确认】—【通知取车】。

(2)专用线整车装车

【装车计划】—【路企交接】(入线交接)—【专用线装卸】—制票(货票系统)—【路企交接】(出线交接)—【调送单签认】—【票据确认】—【通知取车】。

(3)国联装车

装车计划界面选择国联查询,选择需求信息、装车股道、外勤货运员、装卸工组后执行计划,其他操作与货场、专用线整车装车相同。

(4)区间装车

现车系统记事栏标注"区间装车"记事;在【装车计划】—【作业组织】界面查询已执行的计划信息,在装卸车作业报点界面获取车号信息,匹配后录入货重、件数、记事等信息,填报进线时间、开始时间、结束时间、出线时间。区间装车货运站系统不反写现车系统，制票后在铁路货运票据综合应用管理系统（简称票管系统）全流程分析中核对票车绑定是否正常，绑定无误，现车系统发车时取票，同步车辆状态。

(5)企业自备车回送

客户在95306平台提报车辆回送需求，95306平台与现车系统比对车号信息后推送货运站系统；自备车信息推送货运站系统集团公司库后分发到车站库，需要满足分发条件：客户提报的车号与现车系统一致且为空车；货运站信息分发到车站库后程序自动同步为已装车状态，货票系统可以直接进行制票，货运站系统不操作装车；货运制票完成后，货运站系统票据确认界面勾选自备车查询，核对信息并操作通知取车。

(6)换装作业

全流程分析已绑定票据、车在本站才能操作换装作业。换装作业界面输入原车号，点击增加；新车号栏录入新车号、车种、载重、件数、记事等信息后点击增加，生成新的装车信息；填报进线时间、开始时间、结束时间、出线时间、倒装原因等信息后保存；换装完成后系统自动上传解绑原车票据，绑定新车号。

(7)篷布回送

篷布管理界面操作篷布交接，如没有篷布信息需要手动登记篷布信息。选择需要回送的篷布，操作篷布交接生成“货车篷布交接单”；装车补录界面点击增加车辆，回送类型选择“篷布回送”；勾选篷布交接回送，选择货车篷布交接单信息；录入车号、股道、货重、件数、到站、收发货人等信息，填报入线时间、开始时间、结束时间、出线时间后保存；点击确定保存后会弹出特殊货车及运送用具回送清单界面，回送种类选择“篷布”，数量栏填记回送张数、录入发站经办人后保存；操作完成后到票据确认界面打印特殊货车及运送用具回送清单及篷布交接单；核对信息无误后操作通知取车。

2. 卸车作业

(1)货场卸车

【卸车计划】—【卸车作业】—【整车货场进出货】—【票据确认】—【通知取车】。

(2)专用线卸车

【卸车计划】—【路企交接】(入线交接)—【专用线装卸】—【路企交接】(出线交接)—【调送单签认】—【票据确认】—【通知取车】。

(3)企业自备车回送到达票据解绑

再次操作装车时,路企交接进线交接、作业组织报点时会提示车号有票据是否解绑,点击确定后系统自动上传解绑票据;如到达后需要及时解绑,到路企交接操作进线交接界面根据提示操作。

(4)区间卸车

现车系统其他记事栏标注"区间卸车"记事并上传票据库;货运站作业组织界面点击区间卸车查询,选中需要卸车的信息后点击作业报时,填报进线时间、出线时间后保存(区间卸车货运站系统不需要执行卸车计划)。区间卸车货运站系统不反写现车系统,货运站操作完成后在票管系统全流程分析中核对票车是否解绑,票据解绑后,现车系统发车时取票置空车辆状态。

3. 特殊作业

(1)货场装车回退

货场装车只能回退未制票(已作废、已取消托运)、车未调作业股道、没有操作通知取车的数据。货场股道装车在整车装卸界面取消作业;整车装卸界面勾选显示已撤出小牌车后进行查询,选择需要取消的作业信息后点击取消作业;取消作业后恢复到已执行装车计划未装车状态,根据需求可到作业组织回退计划或继续操作装车。

(2)专用线装车回退

专用线装车只能回退未制票(已作废、已取消托运)、车未调作业股道、没有操作出线交接的数据。专用线装车到专用线装卸界面取消作业;专用线装卸界面选择作业股道,勾选作业已结束车辆查询,选择需要取消的作业数据后点击取消作业;取消作业后恢复到已执行装车计划、车辆已入线状态,可以继续操作装车或到作业组织回退计划。

4. 关键项点

(1)装车前三检

选择已完成安设防护牌的股道上的待装车,点击【前三检】,弹出前三检界面，检查轴数、车型、车号、标重，选择正确的货位完成前三检，作业时间按照实际录入，前三检界面的车号不能修改，标重可以修改。

(2)装车后三检

选择已完成装车的车辆，点击【后三检】，弹出后三检界面，检查件数、货重、施封篷布号等信息，如需自由记事则点击【增加记事】，将编辑框置于可编辑状态输入记事内容，如需标准记事则点击【标准记事】选择标准记事，点击【确定】完成后三检。作业时间按照实际录入。装运混装货物时，应点击【物品清单】核对物品清单记载品名、件数、重量与实际是否相符，批量货物须填记体积。

(3)反写现车结果查询

装车：在【货运组织】—【生产组织】—【票据确认】—【回写现车结果查询】，可以查询反写现车的情况，也可进行手动反写。

卸车：只要填写了卸完时间和后三检的时间，卸车票据自动解绑，无法回退作业。

(4)防止“空重互拧”

在货运站系统的【整车装卸】和【专用线装卸】界面匹配车辆时，要确认不装的车号和顺位，防止错装车导致“空重互拧”。

(5)慎重点击【通知取车】

制单完毕后，确认制单无误后，方可点击【通知取车】。通知取车后票车绑定，不可回退，若货物运单有误，可始发换装或取消托运。

三、集装箱系统

集装箱系统通过信息化手段，对铁路运输的集装箱在管理、运输、调度等环节进行了全方位、高效率的监控与操作，实现了全路箱号动态追踪管理、集装箱办理站管理、清单考核统计分析、集装箱运量统计分析和集装箱技术参数查询等功能，极大地提升了铁路运输集装箱的作业效率和管理水平。

1. 货场作业

(1)铁路箱重箱发送

【空箱预订】(95306 平台)—【安排空箱】—【装箱】(95306 平台)—【站内装箱/铁路箱出门】—【站外装箱】—【铁路箱进门】—【检斤验货】—制票(货票系

统)—【装车】—【出线确认】—【通知取车】。

(2)铁路箱空箱回送

【发送管理】—【空箱回送】。选择作业堆场、股道,查询要使用的车底车号,在对应车号右边输入集装箱箱号,输入完毕后,点击装车。

(3)自备箱发送(包括空箱)

填写运单(95306 平台)—【自备箱进门】—【检斤验货】—制票(货票系统)—【装车】—【出线确认】—【通知取车】。

(4)铁路箱重箱到达

【入线确认】—【卸车】—【内交付】(95306 平台和货票系统)—【外交付】—【站内掏箱/铁路箱出门】—【站外掏箱】—【铁路箱进门】。

(5)自备箱到达(包括空箱)

【入线确认】—【卸车】—【内交付】(95306 平台和货票系统)—【外交付】—【自备箱出门】。

2. 专用线作业

专用线集装箱操作流程与货场作业操作流程基本一致,但需要在 95306 平台进行操作。区别是集装箱入线时,需要客户在 95306 平台点击【入线确认】,再进行后续操作;集装箱出线时,客户需要通知内勤货运员点击【出线确认】和【通知取车】。

(1)铁路箱重箱发送

【空箱预订】(95306 平台)—【安排空箱】(95306 平台)—【装箱】(95306 平台)—【检斤验货】(95306 平台)—制单(货票系统)—【装车】(95306 平台)—【出线确认】(集装箱系统)—【通知取车】(集装箱系统)。

(2)自备箱发送(包括空箱)

填写运单(95306 平台)—【自备箱进门】(95306 平台)—【检斤验货】(95306 平台)—制单(货票系统)—【装车】(95306 平台)—【出线确认】(集装箱系统)—【通知取车】(集装箱系统)。

(3)铁路箱重箱到达

【入线确认】(95306 平台)—【卸车】(95306 平台)—【内交付】(95306 平台和货票系统)—【外交付】—【铁路箱出门】(95306 平台)—【站外掏箱】—【铁路

箱进门/站内掏箱】(95306 平台)。

(4)自备箱到达(包括空箱)

【入线确认】(95306 平台)—【卸车】(95306 平台)—【内交付】(95306 平台和货票系统)—【外交付】—【自备箱出门】。

(5)铁路箱空箱到达

【入线确认】(95306 平台)—【卸车】(95306 平台)。

3. 特殊作业

(1)取消托运

客户提出取消托运,在 95306 平台线上提报取消托运申请,发站在货票系统受理取消托运申请,受理通过后进行承运人签章,申请受理通过后,客户须在 95306 平台对受理结果进行确认并签章,双方签署完成后,取消托运生效。

(2)变更到站

对制单后、办理领货手续之前的电子运单,客户可提出变更到站。客户选择变更到站的,在 95306 平台变更申请中填写新到站、新卸车地点,选择处理站,填写变更原因。

客户线下联系处理站,处理站在货票系统受理变更申请,受理通过后进行承运人签章。客户须在 95306 平台对受理结果进行确认并签章。双方签署完成后,变更生效。

货物发送后,托运人要求变更到站时,运费与押运人乘车费应按发站至处理站、处理站至新到站分别计算。

4. 关键项点

(1)集装箱系统新增“修改戳记记事”功能。对运单受理后、制单前需补充和标记的集装箱承运人记事及装车方式等进行修改,通过该功能可根据站内实际作业添加承运人标准记事。

(2)集装箱系统新增“推送制单”功能。集装箱系统小菜单的第 1 项“参数配置”中,新增推送制单参数:手工推送、检斤时自动推送,车站可按需求自行配置,默认为检斤时自动推送;如车站配置为手工推送,则在检斤验货完毕后,通过“推送制单”功能向制票系统推送集装箱可制单数据。

(3)【检斤验货】菜单,通过需求号、箱号、提报日期查询已“可检斤验货”信息，输入箱货总重、承运人重量、托运人重量、施封号等。

(4)退订集装箱需求时，在【发送业务】—【集装箱需求】—【运输】菜单中取消日需求，然后作废运单。只作废运单，不会取消日需求，因此货调报告系统中的日运输需求信息也不会消失。

(5)防止“空重混装”。系统操作人员操作装箱和回送空箱时，务必确认系统信息与现场实际箱态相符，防止发生“空重混装”情况。外勤货运员也要根据系统内的信息加强与现场实际的核对，防止发生“空重混装”情况。

第二节　常见问题处理

一、95306 平台登录或系统功能异常处理方式

95306 平台登录或系统功能异常问题发生频次较高，直接影响客户提报需求、作业人员进行需求受理等作业。发生此问题后，作业人员先在 95306 平台首页，同时按住 Ctrl＋Shift＋Delete 键，打开清除浏览器缓存界面，点击“清除数据”进行缓存清除，退出系统重新登录。仍登录不成功，关机 30 s 后重新开机。如仍未解决，应及时联系 95306 平台课题组查找原因、及时处理。

如此类问题在客户集中提报需求、作业人员集中进行需求受理时间段内发生，经研判在短时间内不能解决，将直接影响需求提报等，应及时向集团公司调度、货运等部门反馈，确定处置方式。处置流程如图 8-1 所示。

二、票车不符处理方式

票车不符包括以下三种情况：一是空车有票，指现场实际是空车，调用票据服务是重车。二是重车无票，指现场实际是重车，调用票据服务是空车。三是重车错票，指现场实际是重车，所装运货物与票据货物信息不符。

1. 空车有票处理

(1)发现空车有票的，查询管控平台(票管系统)，核查绑定的票据情况：绑定由票管系统编制回送清单的，联系票据记载发到站核实处理(撤销或签认)；绑定其他票据的，联系票据记载发到站核实处理。

(2)确认为漏装的，比照重车错票处理。

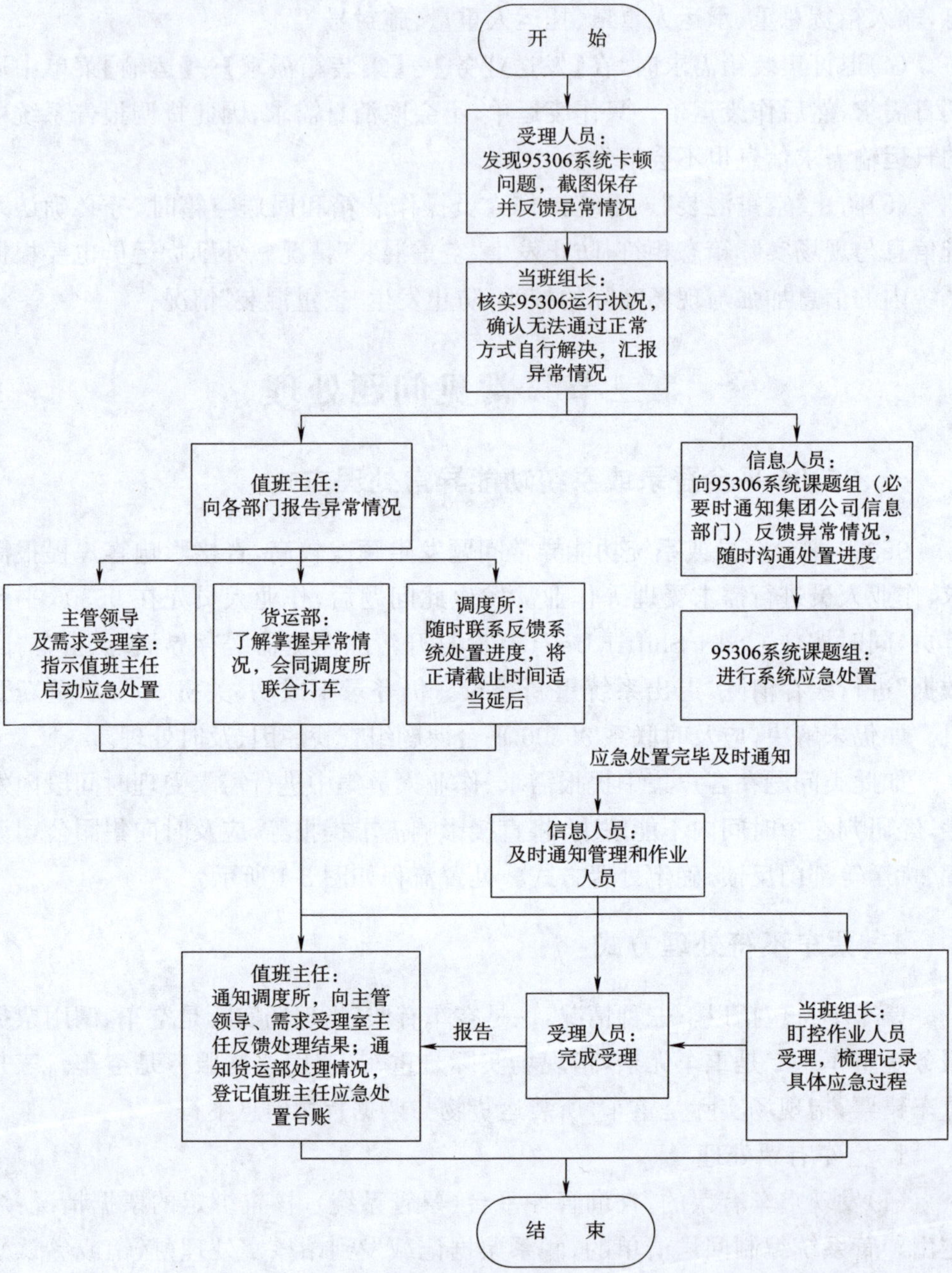
开 始
受理人员：
发现95306系统卡顿
问题，截图保存
并反馈异常情况
当班组长：
核实95306运行状况，
确认无法通过正常
方式自行解决，汇报
异常情况
值班主任：
向各部门报告异常情况
信息人员：
向95306系统课题组（必
要时通知集团公司信息
部门）反馈异常情况，
随时沟通处置进度
主管领导
及需求受理室：
指示值班主任
启动应急处置
货运部：
了解掌握异常情
况，会同调度所
联合订车
调度所：
随时联系反馈系
统处置进度，将
正请截止时间适
当延后
95306系统课题组：
进行系统应急处置
应急处置完毕及时通知
信息人员：
及时通知管理和作业
人员
值班主任：
通知调度所，向主管
领导、需求受理室主
任反馈处理结果；通
知货运部处理情况，
登记值班主任应急处
置台账
报告
受理人员：
完成受理
当班组长：
盯控作业人员
受理，梳理记录
具体应急过程
结 束

图 8-1 应急处置流程

(3)原到站漏操作系统卸车的,依据原到站意见处理。

2. 重车无票处理

(1)发现重车无票的,发现站扣车,联系配空车始发站调查核实处理。

(2)确认为实际漏卸货物的,由扣车站货运人员在保价系统编制货运记录,在管控平台(货运站系统、集装箱系统)按照货运记录装车回送到正确到站,或依据配空车始发站意见处理。

(3)其他重当空排的,由扣车站车务人员通知发站货运人员按规定申请重车无票绑定,重车所在站在现车系统重新取票并确认后组织错装车辆挂运到正确到站,或依据发站意见处理。

3. 重车错票处理

(1)发现重车所装运货物与票据信息不符时,发现站扣车,联系装车站调查核实处理。

(2)确认为仅该车装错货物的,由扣车站货运人员在保价系统编制货运记录,在管控平台(货运站系统、集装箱系统)按照货运记录装车回送到原装车站,或依据原装车站意见处理。

(3)确认为因两辆车错装,导致两重车互相绑定对方运单的,票据记载发站货运人员应追查运单记载的货物实际位置,通知重车所在车站扣车,由发站货运人员按规定申请空车有票解绑、重车无票绑定,重车所在站在现车系统重新取票并确认后组织错装车辆挂运到正确到站。

(4)确认为因车辆错装,导致一车空车有票,另一车重车无票,装车站货运人员可在请示物流中心主管科室同意后操作相关系统进行换装作业。

三、发现车号信息不正确或与车体标记不一致处理方式

1. 现车为重车。发现站在现车系统其他记事栏标注,同时上报列车调度员。到站卸空后挂运至就近有列检作业场的车站,通知列检作业场检查。

2. 现车为空车时。发现站在现车系统其他记事栏标注,同时上报列车调度员,挂运至就近有列检作业场的车站,通知列检作业场检查。

3. 列检作业场对车辆进行确认,按规定进行处置。

四、始发站、途中站发现票据信息有误处理方式

始发站、途中站发现票据品名、载重、货物件数、货运记事、到站信息错误，或错误调卸到站，由货运人员按规定流程通过管控平台或票管系统申请修改票据信息。

五、自备车回空制单信息查询不到处理方式

自备车回空需满足车号正确、车在本站、同时为空车的要求，才可推送制票。此问题多是自备车尚未到达车站，现车系统中无此车号，不满足车在本站条件造成货运站系统无法推送制票信息给货票系统，需联系车务部门处理。

六、遇网络、系统、设备故障等异常情况影响电子票据应用处理方式

遇网络、系统、设备故障等异常情况影响电子票据应用时，应根据故障情况填记“货运票据电子化异常处置登记表”，采取以下处置措施，并做好分析工作。

1. 发站管控平台（货运站系统、集装箱系统）无法接收铁路 95306 数据时，经物流中心主管领导同意，营业室主任签认，录入运单需求信息进行补录装车作业。

2. 发站货票系统、管控平台（货运站系统、集装箱系统）、货车技术管理信息系统（HMIS 系统）无法上传票据信息时，车务人员根据货运、车辆等部门提供的纸质票据，在现车系统正确录入票据相关信息。列车出发前，电子票据上传成功，现车系统获取电子票据信息，比对一致后，正常发车。列车出发前仍不能获取电子票据信息的，经集团公司主管部室同意，车站值班干部确认后，车务人员在运统 1 其他记事栏标注“纸质票”，途中携带纸质票据运输，到站留存。

3. 发站现车系统无法获取电子票据信息故障时，经集团公司主管部室同意，车站值班干部确认后，车务人员通知货运、车辆等部门提供纸质票据，车站按纸质票据在现车系统正确录入相关信息；途中站、到达站根据现车系统获取

的票据信息核对列车编组顺序表信息。

4. 到站现车系统无法向管控平台（货运站系统、集装箱系统）推送到达重车票据信息时，货运人员在管控平台（货运站系统、集装箱系统）通过车号调取最近的票据信息，经货运营业室负责人同意，与车站的到达运统1和实际车辆信息核对一致后，组织卸车作业。

5. 由电子化主管人员对异常处置情况进行说明，在处置作业后24 h内，报集团公司货运部门备案。

附录 1

物流总包项目

物流总包，是指为推动铁路物流业务发展，提升铁路物流综合服务水平，推动铁路传统货运向现代物流转型发展，利用铁路网络优势，整合社会物流资源，以合同约定的方式，承接客户综合物流服务需求，为客户提供运输、储存、装卸、搬运、包装、流通加工、配送、信息处理及物流金融等定制化的综合物流服务或部分物流服务。

一、物流总包项目工作标准

（一）物流总包项目审批工作流程

根据《国铁集团物流总包业务实施办法（试行）》，对物流总包工作流程进行全面梳理，确定北京局集团公司物流总包流程如下：

1. 物流总包合同签约前，物流中心、合资公司以正式文件向集团公司货运部报送物流总包解决方案。

2. 物流总包项目中标或达成合作意向后，物流中心、合资公司与客户签订物流总包合同，并录入集团公司合同管理系统。

3. 合同审核完成后，物流中心、合资公司向集团公司相关部门备案，同步将相关内容录入物流总包系统。

4. 集团公司货运部对物流总包系统中物流中心、合资公司录入的信息进行核校。

5. 经国铁集团审核入库后，核实 95306 平台同步衔接情况，按业务进展，完成制票、定期使用运费杂费收据汇总核收、数据统计等后续工作。

（二）其他物流辅助服务费收取

物流总包业务应由物流中心与客户签订物流总包合同，合同内容应明确费用金额、发票开具、资金结算等有关内容，95306 货服中心依据铁路运输环节使用货物运单、运杂费收据，物流总包辅助服务相应票据，按照既有费用结算方式向客户核收物流总包费用。

1. 收费单据

其他物流辅助服务费，托运人应在发站承运货物当日支付，承运人既可使用货物运单，也可使用运杂费收据核收。

2. 收费方式

现阶段根据工作实际，可定期使用运费杂费收据汇总核收，物流中心（含合资公司，下同）须与客户明确收费时间，并报货运部、财务部、货服中心备案，但最长应在实际发生后的 10 日内核收完毕，原则上不能跨月。

二、物流总包项目管理操作

（一）物流总包项目管理

物流总包项目由物流中心在多式联运数字化协同平台进行维护，项目维护完成后提交至集团公司进行审核，审核通过后由国铁集团进行入库审核。项目入库后同步到 95306 平台，供需求提报单位提报需求时使用。物流总包项目维护流程，如附图 1-1 所示。

1. 新增项目

项目维护页面，点击【新增】按钮，维护物流总包项目。维护完成可在项目维护列表查看，还可进行项目删除、编辑、提交、审核（集团公司管理员）、入库（国铁集团管理员）等操作。

项目新增时，需要维护项目基本信息和子项目信息，下面介绍维护的内容及填写要求。

（1）主项目

①主项目基本信息，如附图 1-2 所示。

②主项目信息填写要求，见附表 1-1。

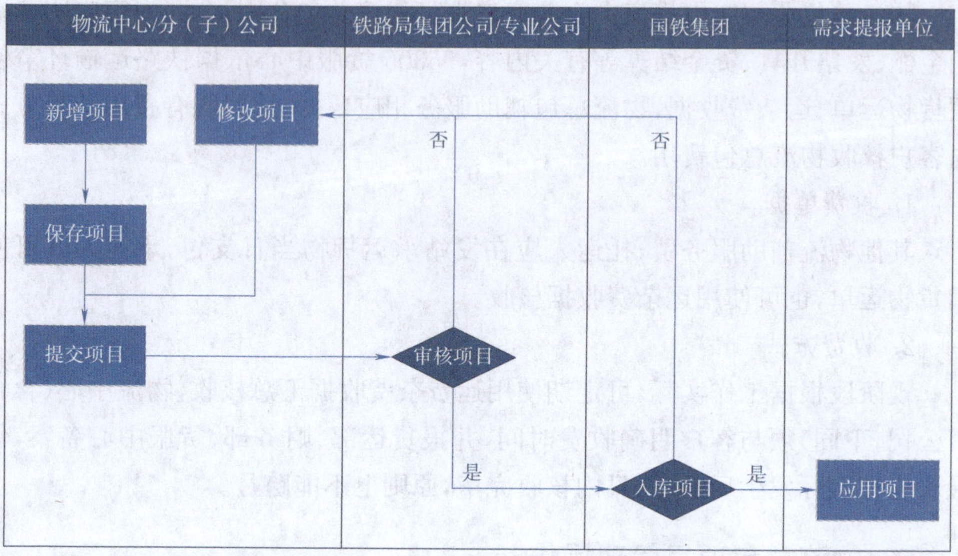

附图 1-1　物流总包项目维护流程

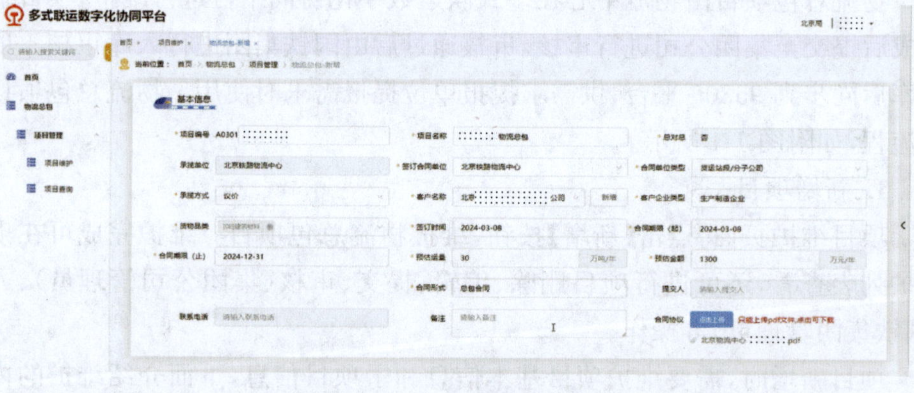

附图 1-2　主项目基本信息

附表 1-1　主项目信息填写要求

填写项目	填写内容	具体要求
项目编号	由系统根据规则自动生成	
项目名称	客户名称简称、货物品名(多品名取其中代表性一个)、物流总包三部分组成	
总对总	默认为否,不可更改,如果是总对总项目,由国铁集团入库审核时进行调整	
承揽单位	集团公司、专业公司、货运站段或者专业公司的分(子)公司,由登录用户所属单位决定,不可修改	
签订合同单位	签订合同单位默认与承揽单位相同,如果承揽单位为物流中心,那么签订合同单位可以选择物流中心对应的物流公司,此项仅适用于铁路局集团公司下属的物流中心	
合同单位类型	合同单位类型与签订合同单位相关,不允许修改	1. 签订合同单位为铁路局集团公司及三大专业公司,合同单位类型默认为铁路局集团公司/专业公司。 2. 签订合同单位为集团公司物流中心对应的物流公司,合同单位类型默认为物流公司。 3. 签订合同单位为货运站段、三大专业公司下的分(子)公司,合同单位类型默认为货运站段/分(子)公司
承揽方式	投标、议价和单一来源采购三种方式	投标是指履行招投标手续后中标的项目,议价是指双方询价选择确定的项目,单一来源是指指定采购方采购的项目
客户名称	签订合同的客户名称,与实际托运人无关	

续上表

填写项目	填写内容	具体要求
客户企业类型	客户企业类型影响项目编号的第一位，目前企业类型有生产制造企业、生产制造企业自有物流公司、商贸企业、物流公司和其他企业五种类型，如果客户企业类型为生产制造企业或生产制造企业自有物流公司，那么项目编号是 A 开头，否则以 B 开头	
货物品类	合同签订的运输品类，大宗和“白货”可以一同选择，主项目中的货物品类将影响子项目中的品类品名选择，子项目的品类品名需在主项目的品类中	
签订时间	合同签订时间	
合同期限	合同的有效期限，影响项目是否生效	
预估运量	预计发送的货物吨数	
预估金额	预计运费	
合同形式	分为总包合同和战略协议两种。如果合同形式为战略协议，那么在子项目中需要维护具体合同的有效期并上传合同附件	
合同协议	上传的合同协议文件附件。格式为 pdf。文件大小尽量保证在 10 MB 以下	

(2)子项目

①主项目维护完成后，点击子项目【新增】可以新增子项目，如附图 1-3 和附图 1-4 所示。

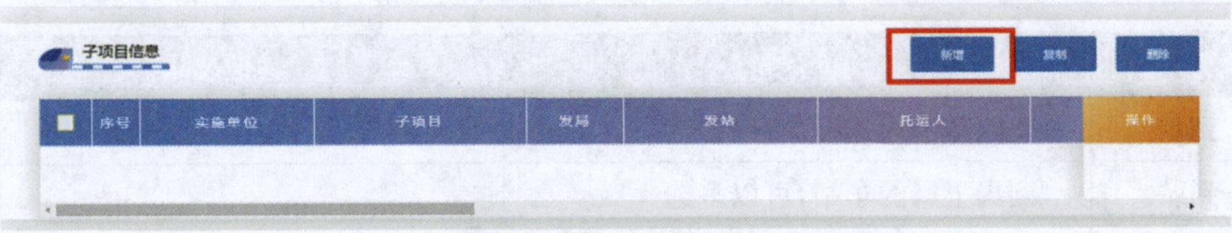

附图 1-3　新增子项目

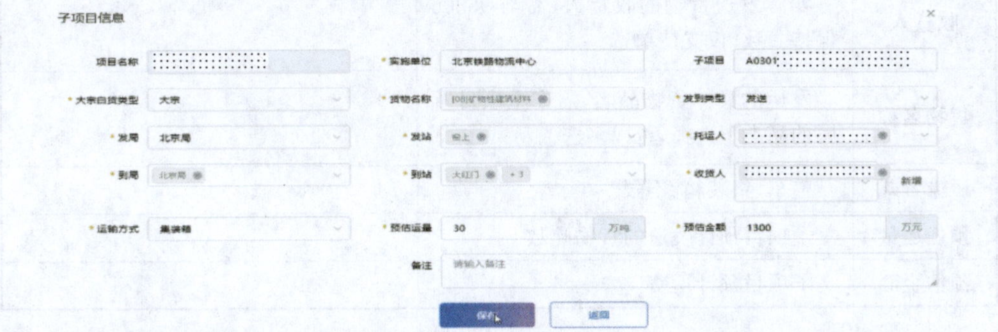

附图 1-4　子项目信息

②子项目信息填写要求，见附表 1-2。

附表 1-2　子项目信息填写要求

填写项目	填写内容	其他要求
项目编号	由系统根据规则自动生成	
实施单位	项目实施的具体单位	如果承揽单位为集团公司或专业公司，实施单位可以选择下属的货运站段或分(子)公司
子项目	子项目的具体名称	
发局	货物发送的铁路局集团公司，仅支持单选	如果项目负责单位是铁路局集团公司，默认为本局，不支持修改，如果是专业公司，可以在全路各局中选择
发站	货物发送的车站，为发局下属站，可以多选	所选内容如果过多，页面无法显示，可以将鼠标悬浮于具体内容上，查看详细信息

续上表

填写项目	填写内容	其他要求
到局	全路范围内选择,可以多选	
到站	到局下属的车站,可以多选	
托运人	实际发送货物的托运人,需与95306保持一致,仅支持单选	
收货人	实际发送货物的收货人,需与95306保持一致,仅支持单选	
货物名称	发运的具体货物品名,需在主项目所属的品类下选择,可以多选	
运输方式	整车、集装箱、不限	
预估运量	子项目预计发送的货物吨数	
预估金额	子项目预计运费	

③子项目【复制】:为快捷录入功能,如果子项目内容相似,可以使用此功能,勾选想要复制的子项目,点击复制,会生成新的子项目,修改具体内容后保存即可。

④子项目【删除】:子项目维护错误可以删除,勾选想要删除的项,点击删除,可删除一条及多条。

2. 项目保存

项目信息维护完成后,可以进行保存,保存的项目无法审核。如果确认项目信息无误,可以在保存时同步进行提交,如附图1-5所示。

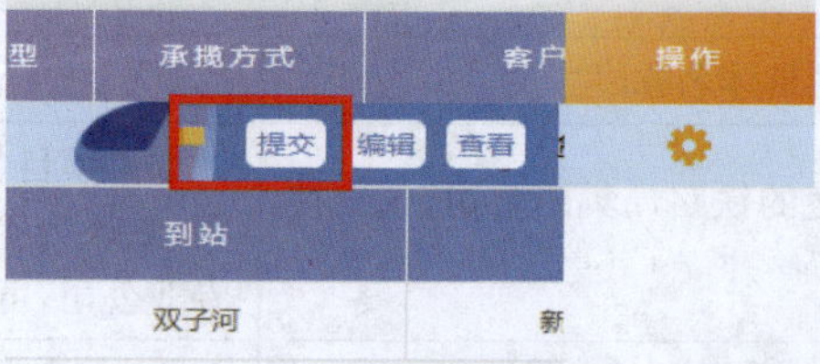

附图1-5　提交按钮

3. 项目提交

提交是指项目提交到集团公司进行审核，对于已保存未提交的项目，可以进行提交。提交操作由项目维护人进行。项目提交后将流转至铁路局集团公司级，由集团公司管理员进行审核，如附图 1-6 所示。

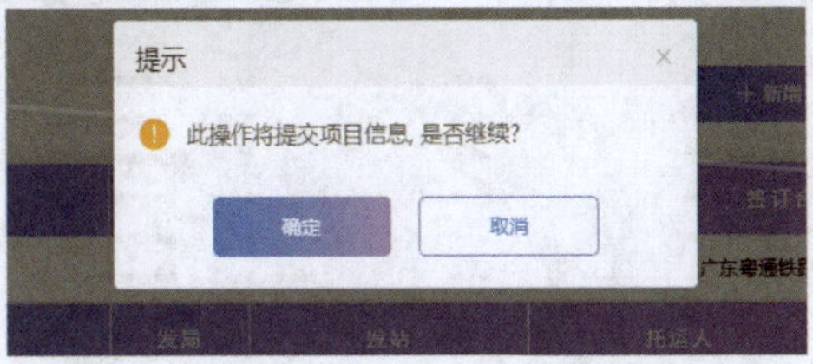

附图 1-6　项目提交确定

4. 项目审核

项目审核由具有物流总包集团公司管理员权限的用户进行，选择已提交的项目，可以进行审核操作。

项目审核有通过和驳回两种结果，如果审核通过，则项目提交国铁集团管理员进行入库，如果驳回，可选填写驳回原因，将项目退回。待项目维护人员修改完成后重新提交审核。

5. 项目入库

项目入库由国铁集团管理员进行操作，项目信息自动同步到 95306 平台。项目入库后可进入【项目查询】模块进行查询，如附图 1-7 所示。项目入库有通过和退回两种结果，如果项目退回，则由项目维护人员修改后重新提交集团公司审核流程。

（二）系统间自动流转

1. 提报需求自动匹配项目号

客户在 95306 平台提报需求时，录入与物流总包项目一致的相关信息后，系统自动匹配物流总包项目号。

2. 填制货票手动录入费用

制票人员调取推送的运单信息制票时，物流总包记事标已包含，无需手动选择，仅需手动添加物流总包费用即可。

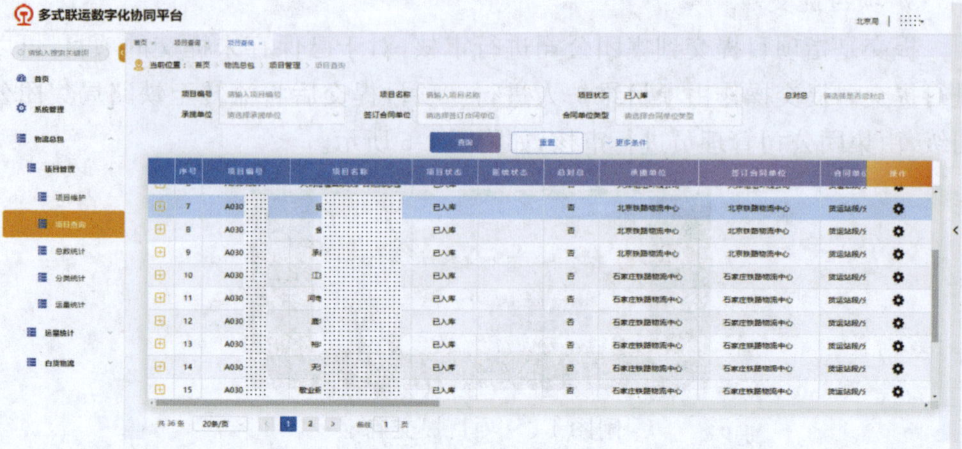

附图 1-7　项目查询

3. 填制杂收汇总核收费用

内交付人员根据物流中心上报的物流总包费用汇总核收说明，使用【人工核收】界面手工录入费用进行核收。

三、项目开发案例

（一）市场调研

邯长线有大型钢铁企业 10 家，主要以卷钢、中板、圆钢、螺纹钢、线材等产品为主，其中有专用线企业 6 家：A、B、C、D、E、F，无专用线企业 4 家：G、H、I、J。

2023 年，10 家大型钢铁企业产量共计 3 674 万 t，其中卷钢 2 581 万 t，螺纹钢、线材 334 万 t，中板 471 万 t，其他品类 288 万 t。从主要产品类型来看，邯长线钢铁企业以生产热轧卷钢和建筑用圆钢、螺纹钢、线材为主。根据调研统计，10 家大型钢铁企业销售区域以本地及周边客户为主，2023 年共计销售产品 3 674 万 t，其中 100 km 以内范围 2 013 万 t，占比 54.8%；100～200 km 范围 398 万 t，占比 10.8%；200～300 km 范围 433 万 t，占比 11.8%；300 km 以上范围 830 万 t，占比 22.6%。从运输成本上考虑，300 km 以内基本选择汽运，300 km 以上的产品销售考虑铁路运输（主要以直供客户为主，贸易客户较少）。

(二)目标市场选择

2023 年,邯长线各钢铁企业产量及铁路运输比例见附表 1-3,通过铁路运输仅为 362 万 t,占比 9.85%,比例较低,市场开发潜力巨大,因此将邯长线作为钢材增量的主要目标市场。

附表 1-3　2023 年邯长线钢铁企业产量及铁路运输比例

主要企业	发站	产能/万 t	总运量/万 t	铁路运量/万 t	铁路运输占比
E	邯郸	660.6	660.6	161.6	24.46%
A	午汲	121.8	121.8	20.8	17.08%
B	偏店	424.3	424.3	125.4	29.55%
F	东戌	300	300	0.08	0.03%
C	什里店	588.8	588.8	50.2	8.53%
D	武安、康城	402	402	3.7	0.92%
H		286	286	0	0
G		440	440		
I		300	300		
J		150	150		
合计		3 673.5	3 673.5	361.78	9.85%

若想在邯长线实现钢材增量新的突破,必须树立标杆企业,打造标杆项目,目标企业的选择尤为重要。项目团队根据市场调研,按企业产量、是否具有专用线、主要运输去向、铁路运输占比、与铁路关系几方面进行综合评估,最终选定年产量高、具有专用线、铁路运输占比相对处于中等水平且与铁路关系较为密切的 C 厂作为目标企业,进行重点开发,在邯长线打标立样,起到示范效应。

C 厂位于武安市某工业园区,专用线与什里店站接轨,具有专用线 6 条,其中装车线 2 条。企业年产量 589 万 t,其中卷钢 469 万 t,中厚板 120 万 t。主要销售去向 100 km 范围内 324 万 t,100~200 km 范围内 64 万 t,200~300 km 范围内 70 万 t,300 km 以上范围内 131 万 t。2023 年铁路运输 50 万 t,铁路运输占比 8.5%,见附表 1-4。

附表 1-4　2023 年 C 厂钢材运输情况

距离/km	运量/万 t	铁路运量/万 t	铁路运输占比
0～100	324	7.3	2.3%
100～200	64	2.2	3.4%
200～300	70	0	0
300 以上	131	40.5	30.9%
合计	589	50	8.5%

通过对企业不同运输距离的运量及铁路运输情况进行分析，决定采用两步走战略，首先选定 300 km 以上范围内“公转铁”可行性高的钢材运输市场作为攻关重点，后期将对 100 km 范围内运量较大的钢材运输市场通过小运转班列形式进行重点开发。

（三）客户洽谈——加强走访对接，挖掘企业需求

1. 客户运输难点。项目团队通过走访、洽谈，与企业物流部、销售部进行深入对接，深挖企业真实运输需求。C 厂通过产品结构调整，将加大出口外贸中厚板的发运量，天津港集港年运量 40 万 t，但由于运输时效问题、运输价格问题、到端专用线接卸及仓储能力有限，其铁路发运受限，从而全部为公路运输。

2. 企业运输需求。一是保证运输时效，集港钢材对船期要求高，需要在船期前 2 天到达港口卸车办理通关手续；二是运输价格不高于公路运输价格，企业愿意充分利用铁路专用线作业能力，但近年来钢材市场利润微薄，不愿通过运输方式的转换而提高物流成本；三是需要由铁路负责到端港口集港卸车、仓储、短驳运输等物流服务。

项目团队以此客户需求和运输难点作为“公转铁”增量的突破点，与企业进行深入洽谈，以物流总包方式承揽企业部分集港货源，通过铁路内部运输组织、铁路自身优势协调到端专用线，并辅以价格下浮手段，解决企业运输中的难点、痛点问题。

（四）制定物流解决方案，实行一揽子全包

针对企业的运输需求及“公转铁”过程中存在的问题，为实现 C 厂“公转铁”增量，石家庄铁路物流中心紧紧抓住港城班列开行的契机，成立了以营销部为

骨干的C厂物流总包专项工作组,按铁路物流总包项目进行具体实施,负责运输计划制订、需求提报、制票交款、到端仓储及配送、运输协调、信息处理等职能,围绕为客户创造价值、提升营销过程控制,实施项目负责制,最大限度挖潜货源,确保项目落地启动。积极与到端联系,实地对接,从物流价格、装卸要求、到端需求、运输时效等方面综合考虑,制定了个性化物流总包方案。经与企业多次协商,选取塘沽站天津开发区甲物流有限公司专用线,制定全程物流解决方案。

1. 运输项目

石家庄铁路物流中心以物流总包方式承揽C厂到天津港的中厚板运输业务。

项目内容:C厂至塘沽站甲物流有限公司专用线运输业务

货物品名:钢材中厚板

运输方式:"站到门"

物流总包运量:10万t

物流总包金额:1 000万元

合同周期:2024年3月1日—2024年12月31日

2. 解决方案

(1)解决运输时效问题。首先,2024年1月下旬,集团公司开行了港城班列(邯郸、石家庄至天津港),大大缩短了运输时间,从C厂发车至天津港不超过40 h,满足了企业对运输时效的要求。其次,由于铁路运输时效长,为解决铁路运输无法满足客户因为船期备货的问题,中心组织人员联合天津物流中心实地考察塘沽站天津开发区甲物流有限公司专用线,制定了利用甲物流有限公司专用线,企业提前备货,在确定客户外运需求后,利用汽运自甲物流有限公司专用线短倒至天津港汇盛码头和临港4号码头的运输方案,弥补了铁路运输时间长等弊端,推动企业将目前汽运货源转至铁路运输。

(2)解决物流成本问题。虽然利用塘沽站天津开发区甲物流有限公司专用线接卸钢材并进行仓储解决了运输时效问题,但此方案因增加了到端甲货场装卸、储存、汽运短倒的成本,导致铁路综合运输成本高于汽运。中心按照贴近公路运输成本、盈余清算平衡、全程物流各环节共同压缩的原则,制定了什里店站发塘沽站项目运价下浮 60%方案，同时与天津开发区甲物流有限公司专用线签订了仓储、装卸车及短驳至码头的合同，并要求其改进装卸车工具以确保钢板的完好性，同时与其商议，降低了仓储、装卸车及短驳等费用。

经过不断地商定、对接，压缩发端、运输、到端等各个环节的费用，最终铁路物流全程费用由 170 元/t 降至 99.6 元/t，下降 70.4 元/t，较公路低 0.4 元/t。

什里店站至塘沽站（汇盛码头、临港 4 号码头）运营成本效益分析：

①铁路运输成本：结合汽车运输市场及 C 厂需求，什里店站至塘沽站铁路运价下浮 60%，下浮后铁路费用 49.6 元/t，货物保价 0.4 元/t，合计 50 元/t。

②到端卸车费及短驳运输成本：天津开发区甲物流有限公司专用线卸车费及至汇盛码头短驳费用合计 30 元/t[卸车 17 元/t、短驳 13 元/t(约 13 km)]。

天津开发区甲物流有限公司专用线卸车费及至临港 4 号码头短驳费用合计 35 元/t[卸车 17 元/t、短驳 18 元/t(约 28 km)]。

③中厚板装车材料（草垫、盘条等）由 C 厂提供。

④物流中心（公司）收益：经测算，什里店站至塘沽站（天津开发区甲物流有限公司专用线）再至汇盛码头运营成本合计 80 元/t，物流总包收取费用 82 元/t，实现利润 2 元/t；什里店站至塘沽站（天津开发区甲物流有限公司专用线）再至临港 4 号码头运营成本合计 85 元/t，物流总包收取费用 87 元/t，实现利润 2 元/t。按月均运量 1 万 t 计算，预计每月实现收入 169 万元、利润 4 万元。

(3)提供服务质量保障。首先，中心组织成立“C 厂项目组”负责此项业务，明确营业部、营销部、物流调度部等各部门职责，分工负责各个环节，保障项目高效运转。其次，为落实好集团公司营销策略工作部署，打造邯郸地区“港城班列”运输品牌，提高港城货运列车开行效率，石家庄铁路物流中心、邯郸站、邯郸车务段积极细化集团公司开行港城货运列车组织方案，形成了覆盖货源摸排、需求变更、请批车、配空、装车等环节的工作制度，并与货运部、调度所、车务段及时对接，提供挂运需求。定期召开协调会，将邯长线港城班列纳入固定议题，协调解决信息沟通、配空取重、外运开车等方面存在的问题，逐步打造邯长钢材外发“流水线”作业，打响“港城班列”运输品牌。

（五）案例总结

1. 制定符合市场行为的方案。与 C 厂签订物流总包合同，很好地规范了双方的行为，在运输时效、物流价格等方面解决问题，满足了C厂的服务要求。同时将各个环节都细化分解到相关部门，规范了作业流程，提高了服务质量。

2. 提供24 h全天候服务。针对客户服务的要求，实行全年365天的全天候工作制度。企业随时发运，随时有专人提供服务。

3. 提供创新的一站式服务。从企业的角度出发，推出新方案、更周到的服务项目，最大限度满足企业需求。在企业因为运输时效长的问题不选择铁路的情况下，主动制定方案，开发到端专用线进行卸车并提供仓储服务，企业提前备货，再配送至相关码头的创新型运输方案，解决了运输时效问题。

4. 充分发挥铁路的网络优势。塘沽站天津开发区甲物流有限公司专用线隶属于天津铁路物流中心，此次项目的开发正是由于专用线的配合，既压缩了物流成本，又盘活了专用线经营。

5. 对客户实行全程负责制。作为物流总包的项目负责方，铁路物流中心对物流的每一个环节负全责。对于出现的问题，积极主动协助企业解决，确保了企业的利益。

附录 2

货物运输标准记事

序号	标准记事	使用说明	添加方	自动标记	提报环节	受理环节	装车环节	核算环节
1	剧毒品	装运剧毒品	承运人	是		生成		
2	爆炸品	根据货物性质	承运人	是		生成		
3	烟花爆竹	根据货物性质	承运人	是		生成		
4	军运危险货物组级代号:×组×级	装运军运危险货物	承运人	否				
5	抢险救灾	抢险救灾货物	承运人	否		生成		
6	R	有押运人的货车	承运人	是		生成		

续上表

序号	标准记事	使用说明	添加方	自动标记	提报环节	受理环节	装车环节	核算环节
7	1.1 整体爆炸品	根据装运的危险货物类项	承运人	是		生成		
8	1.2 迸射爆炸品		承运人	是		生成		
9	1.3 燃烧爆炸品		承运人	是		生成		
10	1.4 无重大危险爆炸品		承运人	是		生成		
11	1.5 整体爆炸不敏感物质		承运人	是		生成		
12	1.6 极端不敏感爆炸品		承运人	是		生成		
13	2.1 易燃气体		承运人	是		生成		
14	2.2 非易燃无毒气体		承运人	是		生成		
15	2.3 毒性气体		承运人	是		生成		
16	3.1 一级易燃液体		承运人	是		生成		
17	3.2 二级易燃液体		承运人	是		生成		
18	4.1 易燃固体		承运人	是		生成		
19	4.2 易于自燃物质		承运人	是		生成		
20	4.3 遇水易燃物质		承运人	是		生成		
21	5.1 氧化性物质		承运人	是		生成		
22	5.2 有机过氧化物		承运人	是		生成		
23	6.1 毒性物质		承运人	是		生成		
24	6.2 感染性物质		承运人	是		生成		

续上表

序号	标准记事	使用说明	添加方	自动标记	提报环节	受理环节	装车环节	核算环节
25	7　放射性物质(物品)	根据装运的危险货物类项	承运人	是		生成		
26	8.1　酸性腐蚀性物质		承运人	是		生成		
27	8.2　碱性腐蚀性物质		承运人	是		生成		
28	8.3　其他腐蚀性物质		承运人	是		生成		
29	9.1　危害环境物质		承运人	是		生成		
30	9.2　高温物质		承运人	是		生成		
31	9.3　基因修改微生物或组织		承运人	是		生成		
32	三角1	《铁路技术管理规程(普速铁路部分)》规定编组需要隔离的货车	承运人	是		生成		
33	三角2		承运人	是		生成		
34	三角3		承运人	是		生成		
35	三角4		承运人	否			生成	
36	三角5		承运人	否			生成	
37	三角6		承运人	否			生成	
38	三角7		承运人	是		生成		
39	三角8		承运人	是		生成		
40	限速连挂	需限速连挂的货车	承运人	否			生成	
41	禁止溜放	需禁止溜放的货车	承运人	否			生成	

续上表

序号	标准记事	使用说明	添加方	自动标记	提报环节	受理环节	装车环节	核算环节
42	停止制动	根据货物性质	承运人	否			生成	
43	成组连挂 不得拆解		承运人	否		生成	确认/修改	
44	超级超限		承运人	否			生成	
45	一级超限		承运人	否			生成	
46	二级超限		承运人	否			生成	
47	超级超重		承运人	否			生成	
48	一级超重		承运人	否			生成	
49	二级超重		承运人	否			生成	
50	超长货物		承运人	否			生成	
51	限速××公里	限速××公里运行	承运人	否			生成	
52	开门窗运输	开门窗运输时	承运人	否			生成	
53	卷钢	装运卷钢货物	承运人	是		生成		
54	跨装	货物跨装时	承运人	否			生成	
55	游车	使用游车时	承运人	否			生成	
56	三角丰	须与蜜蜂车隔离的农药车	托运人	否	生成	确认/修改		

续上表

序号	标准记事	使用说明	添加方	自动标记	提报环节	受理环节	装车环节	核算环节
57	活动物	根据货物性质	托运人	否	生成	确认/修改		
58	三角 K	装运易腐货物	承运人	是		生成		
59	三角 A	有公安人员押运的五类物资车	承运人	否			生成	
60	三角 B	重点保价货物	承运人	是		生成		
61	三角 W	装运军用尖端科技保密货物	承运人	否				
62	圈密	装运保密货物的货车,封套	承运人	否				
63	中欧班列	根据开行方案	承运人	否				生成
64	中亚班列	根据开行方案	承运人	否				生成
65	需要上水的车	装运指定货物的货车	托运人	否	生成	确认/修改		
66	水罐车	装运指定货物的货车	托运人	否	生成		确认/修改	
67	食油罐车	装运指定货物的货车	托运人	否	生成		确认/修改	
68	批快	装运批量快运货物	承运人	是				
69	物流总包	根据开行方案	承运人	否		生成		

续上表

序号	标准记事	使用说明	添加方	自动标记	提报环节	受理环节	装车环节	核算环节
70	小型箱	装运 1.5 t 小型箱	托运人	否	生成		确认/修改	
71	自驾游小汽车	装运自驾游小汽车	托运人	否	生成	确认/修改		
72	×××××××(原车号)倒装	换装时	承运人	否			生成	
73	调度命令:×××××	有调度命令时	承运人	否		生成		确认/修改
74	容许运输期限××日	根据运输期限规定	托运人	否	生成	确认		
75	进口原包装危险货物	装运特定货物时	托运人	否	生成		确认/修改	
76	易燃普通货物	装运易燃普通货物时	承运人	是		生成		
77	押运人须知已发	有押运人时	承运人	否			生成	
78	押运人身份信息	填记押运员姓名、证件名称和号码	托运人	否	生成		确认/修改	
79	装载加固方案号码	根据装载加固方案	托运人	否	生成		确认/修改	
80	翌	18 点后生成的运单,次日支付费用	承运人	否				生成
81	证明文件名称号码	根据证明文件	托运人	否	生成	确认		

续上表

序号	标准记事	使用说明	添加方	自动标记	提报环节	受理环节	装车环节	核算环节
82	中铁特货运输公司	特货公司的货车	承运人	否		生成		
83	危险货物经办人身份信息	填记危险货物姓名、证件名称和号码	托运人	否	生成	确认/修改		
84	托运人未支付到站杂费	涉及相关费用时，托运人提出	承运人	否		生成		
85	集装箱重空联运	符合重空联运的运单	承运人	是				生成
86	集装箱空重联运	空箱运输时托运人提出，重箱运输时系统在核算环节自动标识	托运人/承运人	否	生成			
87	BX车供电运输	需BX车在运输时进行供电	托运人	否	生成			
88	特价回送	特价回送时	托运人	否	生成	确认		
89	收货人自装卸	收货人自装卸	托运人	否	生成			
90	货物部分粘结、冻结	加成100%	承运人	否			生成	
91	货物全部粘结、冻结	按铁路局集团公司规定标准执行	承运人	否			生成	
92	装卸单边作业	装卸单边作业时	承运人	否			生成	
93	装载加固材料	使用铁路提供的装载加固材料时	承运人	否			生成	
94	专用线卸后原地利用	专用线卸后原地利用时	承运人	否			生成	确认/修改
95	站内装掏箱作业	站内装掏箱作业时	承运人	否			生成	

续上表

序号	标准记事	使用说明	添加方	自动标记	提报环节	受理环节	装车环节	核算环节
96	一口价项目号	批准的一口价项目号，上浮项目自动匹配必选，下浮项目自动匹配可选择	托运人	是				确认/修改
97	装车后方站	区间装车时	托运人	否	生成	确认/修改		
98	卸车前方站	区间卸车时	托运人	否	生成	确认/修改		
99	发地铁过轨	从不办理直通地铁装车时	承运人	是		生成		
100	到地铁过轨	至不办理直通地铁卸车时	承运人	是		生成		
101	可经渤海轮渡运输	可经渤海轮渡运输	承运人	否			生成	
102	途中不加温	途中不加温	托运人	否	生成			
103	途中保持温度－12 ℃	途中保持温度－12 ℃	托运人	否	生成			
104	混装运输	客户选择货物混装运输时	托运人	是	生成			
105	自备货车自备机车	自备货车自备机车	托运人	否	生成			确认/修改
106	自备货车铁路机车	自备货车铁路机车	托运人	否	生成			确认/修改

续上表

序号	标准记事	使用说明	添加方	自动标记	提报环节	受理环节	装车环节	核算环节
107	铁路货车自备机车	铁路货车自备机车	托运人	否	生成			确认/修改
108	押运	有押运人时	托运人	否	生成		确认/修改	
109	班列车次:×××××	客户选择班列运输时	托运人	否	生成	确认/修改	确认/修改	
110	路料	装运路料时	承运人	是		生成		
111	自备车	自备车运输时	托运人	否	生成	确认/修改	确认/修改	
112	抑尘	装运需抑尘货物时	承运人	否		生成	确认/修改	
113	卷钢座架	使用卷钢座架时	承运人	否			生成	
114	液体换装	国际联运液体罐车换装时	承运人	否			生成	
115	液体换装加温	国际联运液体罐车换装加温时	承运人	否			生成	
116	危险货物	按危险货物计算杂费的货物	承运人	是				生成
117	危险货物加 50%	品名属危险货物(剧毒品除外)时	承运人	是				生成
118	一级毒害品加 100%	品名属剧毒品时	承运人	是				生成

续上表

序号	标准记事	使用说明	添加方	自动标记	提报环节	受理环节	装车环节	核算环节
119	无国境站换装作业	无国境站换装时	承运人	否			生成	
120	D型车减吨	D型车减吨计费时	承运人	否				生成
121	自备车回空加100%	铁道客车等自备车回空时	承运人	否				生成
122	站内搬运	站内搬运时	承运人	否				生成
123	免收运费	免收运费时，三种情况	承运人	否		生成		确认/修改
124	整列货物	适用特定计费径路的整列货物	承运人	否				生成
125	换轮	国境站换轮作业时	承运人	否			生成	
126	声明价格	国际联运声明货物价格时，国联客户声明价格时，系统自动添加	托运人	否	生成			
127	国联原路批数	进口货物原路批数	承运人	否			生成	
128	国联原路车数	进口货物原路车数	承运人	否			生成	
129	协议保价费另收	协议保价费另外收取	托运人	否	生成			确认/修改
130	经黄万线运输	经黄万线运输	承运人	否				生成
131	新密矿场运输	新密矿场运输	承运人	否				生成
132	经阜阳北站	经阜阳北站	承运人	否				生成

续上表

序号	标准记事	使用说明	添加方	自动标记	提报环节	受理环节	装车环节	核算环节
133	回送自备托盘免装卸费	批快货物使用托运人自备托盘在管内运输，托盘通过铁路回送至发站免装卸费	承运人	否				生成
134	矿石车等按 40 t 计费	使用矿石车、平车、砂石车，经铁路局集团公司批准装运“01”“0301”等品类货物不足 40 t 按 40 t 计费	承运人	否				生成
135	自备车(箱)回空捎货	按要求在运单记事项栏内注明	承运人	否			生成	
136	换长小于 1.5 专用工作车	不装货物时不加成	承运人	否			生成	
137	取送加挂隔离车	隔离车按需要使用的车数核收取送车费	托运人	否	生成		确认	
138	自备机车免发取送车费	免取送车费	承运人	否				生成
139	C_{80} 按最低 70 t 计费	大秦线集中修时，迂回唐呼线	承运人	否				生成
140	汽车台数	装运汽车时	托运人	否	生成		确认	
141	新能源汽车台数	装运新能源汽车时	托运人	否	生成		确认	